APOKALYPSE

Geheime Offenbarung

Christus hat uns nicht nur gemahnt, die Zeichen der Endzeit zu deuten (Mt 24, 32), er hat diese Zeichen auch seinem Apostel als prophetisches Geheimnis anvertraut mit dem Vorbehalt, es in einem Buch mit sieben Siegeln aufzuzeichnen als Zeugnis Jesu für die Zeit des Endes.
Vier Männer haben hier, jeder auf seine besondere Weise, den Einstieg in die Apokalypse gewagt:
Jakob Häne, der bekannte Schweizer Maler, hat während sechs Jahren intensiv um eine visuelle Neuinterpretation der Geheimen Offenbarung des Johannes gerungen und legt hier einen Zyklus von 46 Farbbildern von hinreißender Kraft und Dynamik vor. Prof. Dr. Peter Morant hat die Apokalypse neu aus dem griechischen Urtext übersetzt und seine sprachlich perfekte und exegetisch auf den neuesten Stand gebrachte Übersetzung eigens für diesen Bildband zur Verfügung gestellt. Anschließend an die Übersetzungstexte stehen Auszüge aus dem Buch «Christliche Prophetie und Nuklearenergie» des Physikers Bernhard Philberth. Die Bildkommentare von Michael Prader und Hans Baum bieten wertvolle Informationen und aktuelle Deutungsversuche.

Prof. Dr. Peter Morant OFMCap.,

dem wir die vorliegende meisterhafte Übersetzung der Apokalypse aus dem griechischen Urtext verdanken. Morant hat an der Entstehung dieses Werkes mitgewirkt und an seinem Grab fiel der entscheidende Entschluß. Wenn das Samenkorn in die Erde fällt und stirbt, bringt es viele Frucht.
Peter Morant wurde als ältestes von sechs Kindern am 29. Juni 1901 geboren. Seine Familie stammt ursprünglich aus dem Wallis. Die Jugend verbrachte er im sanktgallischen Waldkirch. Gymnasium in Appenzell und Stans, Studium an der Päpstlichen Universität Gregoriana und im Bibelinstitut in Rom. 1927 Priesterweihe. In Rom promovierte er 1927 zum Dr. theol. und 1931 zum lic. bibl.

APOKALYPSE

Geheime Offenbarung

Aus dem griechischen Urtext neu übersetzt von
Prof. Dr. Peter Morant
mit einem Bilderzyklus von 46 farbigen Bildern
von Maler Jakob Häne
Bildkommentare von P. Michael Prader und Hans Baum
Herausgeber und Redaktion: Arnold Guillet

CHRISTIANA-VERLAG STEIN AM RHEIN

Die 46 Farbbilder dieses Bildbandes sind für Sammler, Kunstfreunde und Referenten auch in Kleinbild-Dias (24 x 36 mm) zum Preis von DM/Fr. 230.— oder mietweise für DM/Fr. 60.— beim Verlag erhältlich.

Erste Auflage 1976: 1.—10. Tausend
© CHRISTIANA-VERLAG
CH-8260 STEIN AM RHEIN/SCHWEIZ
Alle internationalen Rechte vorbehalten.
Satz: Schmid-Fehr AG, 9403 Goldach/St. Gallen
Farbenlithos: E. Kreienbühl & Co. AG, Luzern
Druck: Glarner Volksblatt AG, 8752 Näfels
Printed in Switzerland
ISBN 3 7171 0655 4

Einführung des Herausgebers

«Wenn ihr weiterhin schlaft, seid ihr alle verloren!» Alexander Solschenizyn

Die Männer, welche den nachhaltigsten Einfluß auf das Weltgeschehen ausgeübt haben, waren von jeher die großen Visionäre, seien es Gelehrte, Erfinder, Heilige oder Staatsmänner, die plötzlich von einer neuen Idee erfaßt wurden, welche sie nicht mehr losließ. Ohne diese visionäre Kraft und Inspiration gäbe es keine Erfindungen, keine Dichtung, keine Kunst.

Wohl der größte Visionär aller Zeiten, dem die Geschichte sogar den Beinamen «Der Seher» gegeben hat, war Johannes, der Seher auf Patmos, dem Gott in gewaltigen Visionen die Entwicklung des Gottesreiches, die Katastrophen der Endzeit, das Weltgericht und das Morgenrot des himmlischen Reiches offenbarte. Die Botschaft, die Johannes auf Patmos von Gott erhalten hat, die Apokalypse oder Geheime Offenbarung, hat viele Dichter und Künstler angeregt und inspiriert. Nach dem Zweiten Weltkrieg entstand in Paris das größte und schwerste Buch der Welt; Thema: die Geheime Offenbarung des Johannes.

Am 20. Juni 1970 erhielt der Schweizer Maler Jakob Häne in einer Zeit schwerer innerer Bedrängnis den Auftrag, die Apokalypse zu malen; der Auftrag kam völlig unerwartet und widersprach aller Logik und auch allen wirtschaftlichen Überlegungen. Wer interessiert sich schon für apokalyptische Themen, wenn die Apokalypse sogar innerhalb der Kirche von sehr vielen stillschweigend als tabu erklärt wird und der modernen Theologie dafür jedes Verständnis zu fehlen scheint. Nun, der Funke hatte gezündet und Jakob Häne mochte sich gegen den Auftrag sträuben, wie er wollte, er kam nicht mehr davon los, ja er packte ihn wie in einer Art Besessenheit.

Händedruck am Grab eines toten Freundes

Im Juli 1974 traf ich Jakob Häne in der Äbtestadt Wil im Kanton St.Gallen anläßlich der Beerdigung von Prof. Dr. Peter Morant OFMCap. Morant war ein international bekannter Bibelwissenschaftler und Exeget, der die Apokalypse aus dem griechischen Urtext neu übersetzt hatte. Als letzter hatte ich am offenen Grab von Pater Morant Abschied genommen, dessen Buch, «Das Kommen des Herrn», ich sehr schätze. Unweit des noch offenen Grabes trat Jakob Häne auf mich zu, drückte mir die Hand und erzählte mir, wie sehr er dem Verstorbenen verpflichtet sei. Er stehe im Begriff, die Apokalypse zu malen und Prof. Morant habe ihm erlaubt, seine Übersetzung der Apokalypse zu verwenden. Morant hatte sogar damit begonnen, Hänes Bilder zu kommentieren, doch hatte ihn der Tod am 7. Juli 1974 aus dieser Arbeit herausgerissen.

Der Maler aus dem nahegelegenen Kirchberg SG fragte mich, ob ich als Verleger bereit wäre, seine Bilder in Buchform herauszubringen. Ich sagte ihm spontan zu, um ihn zu ermutigen, und es war uns beiden — zwei Klosterbrüder hatten eben begonnen, das Grab zuzuschaufeln —, als spürten wir die Hand des verstorbenen Freundes und die Gegenwart dessen, der verheißen hat: «Wo zwei oder drei in meinem Namen versammelt sind, da bin ich mitten unter ihnen» (Mt 18, 20). Genau sechs Jahre hat Häne gebraucht, um sein Werk zu vollenden, das Geschaute auf die Leinwand zu bannen. Es war ein zähes, hartes Ringen, aber Jakob Häne ließ nicht locker, wie auch der Patriarch Jakob im Kampf mit dem Engel nicht losgelassen hat: «Ich lasse dich nicht, es sei denn, du segnest mich!» (Genesis 32, 27).

Nach Prof. Morant begann Johannes Stähelin, Spiritual in St. Wiborad in Bernhardzell, Bilderklärungen zu schreiben (die Entwürfe von Johannes Stähelin wie auch diejenigen von Peter Morant liegen bei uns im Verlagsarchiv); auch dem Johannes Stähelin nahm der Tod während dieser Arbeit die Feder aus der Hand. Schließlich übernahm ein Ordensmann in Rom, der aus Südtirol stammende Pater Michael Prader, diese Aufgabe. Merkwürdig: auch Michael Prader, wie übrigens auch Jakob Häne selbst, erlitt bei dieser Arbeit einen Herzinfarkt.

Im Sinne einer Bereicherung und Ergänzung beauftragte der Verlag noch einen zweiten Kommentator; Hans Baum, der sich mit seinen Büchern über die Apokalypse («Das Ultimatum Gottes») einen Namen gemacht hat, übernahm diese Aufgabe. Nun liegt das Werk vor und der Leser, der diese Bilder in ruhiger und wiederholter Meditation auf sich wirken läßt, wird sich dem eigenen Stil — dem Künstler standen keine Vorbilder zur Verfügung — der künstlerischen Aussage und der religiösen Dynamik dieses Werkes nicht entziehen können.

Der Standpunkt des Malers

Wichtig ist, zu wissen, welche Gedanken und Motive den Künstler bei seinem Werk begleitet haben. In seiner schlichten Ausdrucksweise schrieb Jakob Häne folgende «Einführung»: «Gegen Ende des ersten Jahrhunderts wütete immer noch die schreckliche Christenverfolgung. Schon waren elf Apostel gemartert worden. Der erste war Jakobus; er wurde in Jerusalem enthauptet. Petrus wurde in Rom — mit dem Kopf nach unten — gekreuzigt. Bartholomäus wurde geschunden; bei lebendigem Leib wurde ihm die Haut abgezogen. Johannes, der Liebesjünger Jesu, war allein noch übrig. Um ihn unschädlich zu machen, wurde Johannes auf die unwirtliche Felseninsel Patmos verbannt.

Hier auf dieser Insel erschien ihm Jesus Christus und zeigte ihm in einer gewaltigen Schau, was in Zukunft auf seine Kirche zukommen werde. Vorerst diktierte Christus sieben Briefe an die sieben Gemeinden Asiens. Diese Briefe sind so gewaltig, so aktuell, daß wir sie immer wieder lesen sollten.

Die Apokalypse oder auf deutsch «Die Geheime Offenbarung» stammt also von Gott. Sie ist trotz ihrer Schreckensberichte für uns Christen ein Trostbuch; denn Christus zeigt sich uns als Wegweiser und Leuchtturm in stürmischer Zeit. Für jene, die durchhalten, wird immer wieder das «Freuet euch» betont, das Glück des Himmels, die ewige Seligkeit (Offb 7, 16; 14,13; 19,7; 22,7).

Mit diesem Bildband hoffe ich, einen kleinen Beitrag geleistet zu haben zum besseren Verständnis der göttlichen Botschaft in dunkler Zeit.»

Jakob Häne

Aus der Sicht der Naturwissenschaft

Einige Jahre vorher hatte sich ein anderer Autor unseres Verlages, Bernhard Philberth, aus der Sicht eines Nuklearphysikers intensiv mit der Apokalypse auseinandergesetzt, wobei ihm bahnbrechend neue Erkenntnisse und Schlußfolgerungen gelungen sind. Sein Buch «Christliche Prophetie und Nuklearenergie» erlebte bisher neun Auflagen nebst vielen Übersetzungen und Taschenbuchausgaben. Prof. Peter Morant war übrigens einer der ersten Theologen, die Philberth entdeckten und würdigten; in einem dreiseitigen Leitartikel in der Schweizerischen Kirchen-Zeitung vom 25.4.1963 setzte er sich mit Philberths Auslegung der Apokalypse auseinander.

Aus dem in unserem Verlag erschienenen Buch «Christliche Prophetie und Nuklearenergie» bringen wir einige Auszüge zur Erhellung einiger besonders schwieriger Kapitel. Da sich die Erklärungen Philberths auf den Text der Apokalypse und nicht unmittelbar auf einzelne Bilder beziehen, wurden seine Interpretationen direkt in den Text der Geheimen Offenbarung eingebaut und zwar in die betreffenden Kapitel. Die Texte von Philberth sind durch Kursivschrift und durch den Umstand, daß sie seitlich keine Kapitelnummern tragen, gekennzeichnet.

Dominus providebit

Auf jeder schweizerischen Fünffrankensilbermünze steht auf der rundum laufenden Schmalkante in erhöhter Schrift: «Dominus providebit — der Herr wird voraussehen, der Herr wird vorhersehen und Vorsorge treffen.» Dominus providebit — das ist das eigentliche Motto der Apokalypse. Der Herr kennt die Zukunft, plant alles und lenkt alles, das ist zugleich der Inhalt unseres Glaubens an die göttliche Vorsehung (Providentia).

Daß Gott sein Vorherwissen nicht für sich behält, sondern etwas dem Johannes mitgeteilt hat, darin liegt das Große der Geheimen Offenbarung, und das verpflichtet uns, die Botschaft mit allem Ernst und aller Aufmerksamkeit zu prüfen, über Gottes Pläne und Absichten nachzudenken und unermüdlich daran zu arbeiten, daß der Herr uns zu den Seinen zählen kann.

Erkennt die Zeichen der Zeit!

Kaum jemals brauchte Christus, der doch von sich sagen konnte, er sei sanftmütig und demütig von Herzen, so harte Worte wie damals, als er den Pharisäern und Sadduzäern vorwarf, sie wüßten die Zeichen der Zeit nicht zu deuten:

«Am Abend sagt ihr: Schönes Wetter, denn der Himmel ist rot. Und am Morgen sagt ihr: Heute wird stürmisches Wetter, denn der Himmel ist rötlich und trüb. Das Aussehen des Himmels also wißt ihr zu unterscheiden, die Zeichen der Zeit aber nicht.» (Mt 16, 2—3).

Maria Basilea Schlink, die Gründerin der evangelischen Marienschwestern in Darmstadt-Eberstadt, hat in ihren über 60 Büchern und Schriften immer wieder auf den apokalyptischen Charakter unserer Zeit hingewiesen. In ihrem Buch «Das Ende ist nahe» stellt Maria Basilea Schlink fünf Fragen, an denen kein Christ der Gegenwart vorbeigehen sollte:

«Zeigen sich ernsthafte Zeichen, die ankündigen, daß das Ende nahe ist und Jesus wiederkommt? Ist etwas von jenen Zeichen wahrnehmbar, die Jesus von der Endzeit aussagt, die nach der Schau der Offenbarung zur Endzeit gehören?

1. Kehrt das Volk Israel wieder in das Land seiner Väter heim, wie es beim Propheten Ezechiel (38, 8) vorhergesagt ist?
2. Sind Anzeichen da, daß das Evangelium in der ganzen Welt verkündet wird, wie bei Matthäus (24, 14) steht?
3. Zeigt es sich, dass Kriege und Verderben bald die ganze Welt umfassen, so daß 'Fried von der Erde genommen wird' (Off 6, 4)?
4. Sind Voraussetzungen gegeben, daß sich erfüllen könnte, was in der Geheimen Offenbarung (6, 8) geschrieben steht: 'Es wurde dem Tod Gewalt gegeben über den vierten Teil der Erde, zu morden durch Schwert und Hunger, durch Pest und durch Tiere der Erde?'
5. Ist es wahr, daß die Liebe zu Gott und dem Nächsten in den Herzen der vielen erkaltet, weil die Bosheit groß geworden ist? (Mt. 24, 12)».

Mutter Maria Basilea, der man das Charisma des Prophetenamtes nicht abstreiten kann, gibt uns auch die Antwort auf diese fünf Fragen und man kann sich dem Scharfsinn ihrer Argumentation nicht verschließen:
«Wache Augen werden die Zeichen unserer Zeit nicht übersehen. Man kann leicht feststellen, daß sich eines um das andere immer mehr erfüllt.

1. Ein Teil der Juden ist bereits heimgekehrt in das Land der Väter. Der Staat Israel ist errichtet. Ben Gurion sagte 1948: 'Wir haben zweitausend Jahre auf diese Stunde gewartet, nun ist es geschehen. Wenn die Zeit erfüllt ist, kann Gott nicht widerstehen.'
2. Das Evangelium wird in der ganzen Welt, fast in jedem Land verkündet. Es heißt ja in der Schrift nur, daß es verkündet, nicht daß es angenommen und geglaubt werde. somit ist auch dieses erfüllt.
3. Kriege und Kriegsgefahren haben ungeheuer zugenommen. Irgendwo auf der Erde ist jetzt immer ein Krieg. Man spricht ängstlich von dem Dritten, vielleicht alles zerstörenden Weltkrieg, dem Atomkrieg. Die Welt ist buchstäblich voll Kriegsgeschrei.
4. Die Möglichkeit des Todes der ganzen Erde, der Vernichtung des menschlichen und jeglichen anderen Lebens, ist durch die Atomkraft und jetzt noch die Umweltverschmutzung, auch durch die 'biologische Zeitbombe' gegeben.
5. Das Endzeichen der Lieblosigkeit ist weithin sichtbar. Mit der Entgöttlichung zeigt sich die Entmenschlichung. Das System der totalen Gottlosigkeit, wie sie uns im Kommunismus entgegentritt, bringt auch die totale Menschenverachtung und eine brutale Menschenvernichtung mit sich.

Die Zeichen der Zeit sind unmissverständlich. Es drängt allmählich zur Ernte.»

Wie steht es mit uns? Können wir die Zeichen der Zeit deuten? Was muß noch alles geschehen, bis die Menschen die große Sturmwarnung erkennen? Auch Blinde und Taube müßten es heute merken, daß die Welt schon lange nicht mehr in Ordnung ist. Karl Jaspers, der große Philosoph unserer Zeit, schreibt: «Jedes Problem der Menschheit steht heute im Schatten der Untergangsdrohung, denn nun ist der Weltuntergang zur realen Perspektive der Selbstvernichtung der Menschheit geworden.»
Am Abend des 11. Juni 1976, während ich an diesem Vorwort arbeitete, hörte jemand aus meiner Umgebung innerhalb einer Stunde an zwei verschiedenen Fernsehsendern das Stichwort «Lust am Töten». Das ist der neueste Hit der Mas-

senmedien. Die ökumenische Jury am Filmfestival in Cannes war 1976 erstmals nicht in der Lage, einen Preis zu vergeben, da die meisten Filme von düsterer und hoffnungsloser Brutalität waren. Man hat ausgerechnet, daß ein nordamerikanisches Kind während seiner Volksschulzeit am Fernsehen 12 000 Morde mitansehen muss; zwölftausendmal wird es Zeuge davon, wie Kain seine Mörderhand gegen seinen Bruder Abel erhebt: mit dieser satanischen Gehirnwäsche soll das Ebenbild Gottes im Menschen ausradiert werden.
Wenn der Wille zum Leben von der «Lust am Töten» abgelöst wird, stehen wir vor dem Weltuntergang. Lust am Töten hat nur der Mörder. Die Heilige Schrift nennt den Teufel «den Mörder von Anbeginn». Wenn aber der Fürst dieser Welt, der Widersacher Gottes und Erzfeind des Menschen, eben «der Mörder von Anbeginn» sozusagen auf der ganzen Welt und in allen Lebensbereichen unwidersprochen den Ton angeben und seine Mordpläne suggerieren darf, ja, wenn er es sogar wagen kann, brutal seine Maske fallen zu lassen, dann sollten wir Christen endlich wissen, was es geschlagen hat.
Einzelne Bilder von Häne sind bereits jetzt von bestürzender Aktualität. Als im August 1976 die ersten Abzüge für diesen Bildband eintrafen, war die Weltpresse voll von Berichten über die Erdbebenkatastrophen in China und den Philippinen mit über einer Million Todesopfern und einer gewaltigen Flutkatastrophe auf den Philippinen. Man vergleiche dazu Bild 37 und 39. Zur gleichen Zeit wurde England von der schwersten Dürrekatastrophe seit 200 Jahren heimgesucht. Erstmals war die Quelle der Themse versiegt und Tausende von Aalen verendeten im zum Teil ausgetrockneten Flußbett. Man vergleiche dazu Bild 35, wo der sechste Engel den Euphratstrom zum Versiegen bringt. Am Ufer des ausgetrockneten Stromes stehen leere Kinderwiegen. Hier besteht ein Zusammenhang. Wo der natürliche Lebensstrom abgedrosselt wird, muß der Mensch damit rechnen, daß auch die äußeren Lebensquellen versiegen. Eben in jenen Tagen beschwerte sich die deutsche Gesundheitsministerin Focke darüber, daß sich viele Ärzte und Krankenhäuser in Deutschland weigern, Abtreibungen vorzunehmen, und daß die deutschen Frauen gezwungen wären, ihre Leibesfrucht in Holland und sehr oft muß es sogar in England abtreiben zu lassen. In England darf nicht nur während den ersten drei Monaten, sondern bis zu sechseinhalb Monaten (28 Wochen) gemäß dem Lebensrettungsgesetz von 1929 abgetrieben werden. Gäbe es für jedes Kind, das in den letzten Jahren in England abgetrieben wurde, einen Kindersarg, dann würden sich an den Ufern der Themse Millionen solcher Kindersärge aneinanderreihen. Wer um diese Zusammenhänge weiß, der wird die Warnzeichen der Natur zu deuten wissen.
Babylon liegt heute in London, Paris, Hamburg, New York, Schanghai, überall, wo sich die Sünden der Menschen zum Himmel türmen. Von Babylon aber heißt es in der Geheimen Offenbarung: «Zieht fort von ihm, mein Volk, damit ihr keinen Anteil habt an seinen Sünden und von seinen Plagen nichts erlebt. Denn seine Sünden reichen bis an den Himmel, drum gedenkt Gott seiner Freveltaten.»
Aber auch Gott hat seine Pläne für die Zukunft. Jakob Häne, Peter Morant, Michael Prader und Hans Baum versuchen in diesem Buch uns den Zugang zur Apokalypse zu erschließen. Beten wir zum Heiligen Geist, daß er uns Geist und Herz öffne für das, was uns Christus durch den Seher von Patmos zu sagen hat.

Der Herausgeber: Arnold Guillet

Verzeichnis der Bilder

Bild 1	Johannes der Seher	13
Bild 2	Christus Alpha und Omega	15
Bild 3	Christus mit Schwert	17
Bild 4	Das Weib Jezabel	19
Bild 5	Anbetung des Thronenden	21
Bild 6	Lamm und Buchrolle	23
Bild 7	Lamm mit sieben Hörnern	25
Bild 8	Die apokalyptischen Reiter	27
Bild 9	Die Märtyrer	29
Bild 10	Die Natur in Aufruhr	31
Bild 11	Die Windengel	33
Bild 12	Die Heiligen	35
Bild 13	Die Posaunen-Engel	37
Bild 14	Engel mit Rauchfaß	39
Bild 15	Feuerglühender Berg	41
Bild 16	Der Adlerruf	43
Bild 17	Heuschrecken-Plage	45
Bild 18	Die 4 gefesselten Engel vom Euphratstrom	47
Bild 19	Die Reiterscharen	49
Bild 20	Engel mit dem offenen Buch	50
Bild 21	Die zwei Zeugen	51
Bild 22	Die sonnenumhüllte Frau	52
Bild 23	St. Michael und der Sturz der Dämonen	53
Bild 24	Die Frau und der siebenköpfige Drache	54
Bild 25	Der Drache führt Krieg mit den Kindern der Frau	55
Bild 26	Die beiden Tiere	57
Bild 27	Das Gefolge des Lammes	59
Bild 28	Die jungfräulichen Seelen	61
Bild 29	Engel des Gerichtes	63
Bild 30	Christus mit Sichel	65
Bild 31	Blut bis an die Zügel	67
Bild 32	Zornschalen-Engel	69
Bild 33	Die vier ersten Zornschalen	71
Bild 34	Blut statt Wasser	73
Bild 35	Sechster Zornschalen-Engel	75
Bild 36	Die drei Frösche	77
Bild 37	Erdbeben und Hagelschlag	79
Bild 38	Die Hure reitet auf dem Tier	81
Bild 39	Engel mit Mühlstein	83
Bild 40	Der Engel ruft den Vögeln	85
Bild 41	Fesselung Satans	87
Bild 42	Das letzte Gericht	89
Bild 43	Das himmlische Jerusalem	91
Bild 44	Wasser des Lebens	93
Bild 45	Baum des Lebens	95
Bild 46	St. Michael besiegt den Drachen	1. Umschlagseite
	Schwarzweiß-Zeichnung Alpha und Omega mit Universum und Regenbogen	2. Umschlagseite

Auf der Insel Patmos ist das letzte Buch der Bibel entstanden und man darf sie deshalb als biblisches Land bezeichnen. Sie ist abgelegen und geheimnisvoll wie der Gottesberg Horeb, und sie atmet etwas von der Gottesnähe des Sinai. Auf dem Sinai durfte Moses einen kurzen Augenblick lang Gott von hinten schauen und auf der Insel Patmos ist die Herrlichkeit des Herrn vor den Augen des Johannes aufgestrahlt.

Haupt und Mittelpunkt der Insel ist das Johannes-Kloster, das anno 1088 vom griechischen Mönch Christodulos gegründet wurde. Das Johannes-Kloster, eines der geistigen Zentren der Orthodoxen wie der Berg Athos, überragt das kleine, 57,2 Quadratkilometer umfassende Eiland in einer Höhe von 269 Metern wie eine gewaltige Gottesburg. Diese Insel, die heute noch ganz im Zeichen des Liebesjüngers Jesu steht, wurde vom ökumenischen Patriarchen von Konstantinopel, Athenagoras I., vor seiner Begegnung mit Papst Paul VI. im Jahre 1964 zur heiligen Insel der Christenheit erklärt.

Die Insel Patmos gehört zu den kleinasiatischen Sporaden im Ikarischen Meer und liegt südlich der Insel Samos, eine Tagesreise von Ephesus (100 km) entfernt. Vor seiner Verbannung auf die Felseninsel wirkte Johannes viele Jahre lang als Bischof in der damaligen Weltstadt Ephesus. Zur Zeit des Johannes zählte Patmos 15 000 Einwohner, heute noch 4000. Im Mittelalter war Patmos ein wichtiger Stützpunkt der Venetianer, von 1522—1912 gehörte Patmos politisch zur Türkei, dann zu Italien (ital. Palmosa genannt) und seit 1946 ist Patmos Griechenland zugesprochen.
Der Herausgeber

Apokalypse
Geheime Offenbarung

Vorrede des Sehers

1.¹ Offenbarung Jesu Christi, die ihm Gott gegeben hat, um seinen Knechten zu zeigen, was in Bälde geschehen soll, und er hat es durch Sendung seines Engels seinem Knecht Johannes kund-
² getan. So bezeugt er (Johannes) das Wort Gottes und das Zeug-
³ nis Jesu Christi, alles, was er geschaut hat. Selig der Leser und Hörer der prophetischen Worte und die sich daran halten, was darin geschrieben steht; denn die Zeit ist nahe.
⁴ Johannes an die sieben Gemeinden in Asia. Gnade euch und Friede von dem, der ist und der war und der kommt, und von
⁵ den sieben Geistern, die vor seinem Throne sind, und von Jesus Christus, dem treuen Zeugen und dem Erstgeborenen der Toten und dem Herrscher über die Könige der Erde. Ihm, der uns liebt
⁶ und uns mit seinem Blute von unsern Sünden erlöst hat, und der uns zu seinem Königreiche, zu Priestern bei Gott und seinem Vater gemacht hat, ihm gebührt die Herrlichkeit und die Macht in alle Ewigkeit. Amen.
⁷ Siehe, er kommt auf den Wolken, und sehen wird ihn jedes Auge, auch die, die ihn durchbohrt haben, und wehklagen werden über
⁸ ihn alle Geschlechter der Erde. Ja. Amen. Ich bin das Alpha und das Omega, spricht der Herr Gott, der da ist und der war und der kommen wird, der Allherrscher.

Johannes empfängt seine Sendung

⁹ Ich, Johannes, euer Bruder und Mitgenosse in der Trübsal und in der Königsherrschaft und in der geduldigen Ausdauer in Jesus,
¹⁰ war um des Wortes Gottes und des Zeugnisses Jesu willen auf der Insel, die Patmos heißt. Da war ich im Geist (entrückt) am
¹¹ Tag des Herrn und hörte hinter mir eine mächtige Stimme wie die einer Posaune. Sie sprach: Was du siehst, das schreibe in ein Buch und sende es den sieben Gemeinden, nach Ephesus,
¹² Smyrna, Pergamon, Thyatira, Sardes, Philadelphia und Laodizea. Da wandte ich mich um, die Stimme zu sehen, die mit mir
¹³ sprach. Und als ich mich umwandte, sah ich sieben goldene Leuchter und inmitten der Leuchter jemand, der einem Men-
¹⁴ schensohn glich, angetan mit einem wallenden Gewande und
¹⁵ die Brust umgürtet mit einem goldenen Gürtel. Sein Haupt aber und seine Haare waren weiß wie schneeweiße Wolle, seine Augen
¹⁶ gleich einer Feuerflamme, seine Füße gleich in der Esse geglühtem Erz, seine Stimme wie das Rauschen gewaltiger Wasser. In seiner Rechten hielt er sieben Sterne, und aus seinem Munde
¹⁷ fuhr ein zweischneidiges, scharfes Schwert. Sein Antlitz strahlte wie die Sonne, wenn sie leuchtet in ihrer Kraft. Als ich ihn erblickte, sank ich wie tot zu seinen Füßen. Doch legte er seine
¹⁸ Rechte auf mich mit den Worten: Fürchte dich nicht, ich bin der

Erste und der Letzte. Ich war tot und siehe, ich lebe wieder in
19 alle Ewigkeit. Ich habe die Schlüssel zu Tod und Unterwelt.
20 Schreibe nun, was du gesehen hast: was gegenwärtig ist und was
hernach geschehen soll, das Geheimnis von den sieben Sternen,
die du in meiner Hand gesehen hast, und von den sieben goldenen
Leuchtern. Die sieben Sterne sind die Engel der sieben Gemeinden und die sieben Leuchter sind die sieben Gemeinden.

Bild 1: Johannes der Seher Offb 1, 1—10

Johannes wird ergriffen vom Geist des «Adlers». Weiten tun sich auf, das Wogen der Zeiten teilt sich seiner Gestalt mit, die Augen trinken das Geschaute in sich hinein und der Mund offenbart die Selbstvergessenheit des Propheten. Die mächtige Feder erinnert an die Schwingen des Adlers und ihr teilt sich das Licht mit, welches hinter dem Propheten als Zwölfstern leuchtet. Die erhobene Hand will die Sicht verschärfen, während die Füße der Wucht der Schau eine Stütze bieten.
Was Johannes schreibt, das ist also nicht von ihm.
«Was du siehst, das schreibe!» heißt der Befehl.   Michael Prader

Johannes, umhüllt vom Lichte des Heiligen Geistes, sieht und hört mit innerem Auge und Ohr, was in kommenden Zeiten geschehen wird. Was er mit der Adlerfeder niederschreibt, stammt nicht aus ihm, sondern vom «Geist der Weissagung» und soll laut Offb 19, 10 dereinst zum «Zeugnis Jesu» werden.
Damit diese Offenbarungen des Heiligen Geistes den bedrängten und entmutigten Völkern der Letztzeit zum «Zeugnis Jesu» werden können, muß Johannes das Geschaute in einer Verschlüsselung niederschreiben, die erst kurz vor dem Zeitende aufgehoben werden kann.
Aus Bild 1 spricht das Entrücktsein, das heilige Erstaunen und das Ergriffensein des Propheten so unmittelbar, daß Worte dem nichts hinzuzufügen vermögen.   Hans Baum

An die Gemeinde von Ephesus

2.¹ Dem Engel der Kirche in Ephesus schreibe: So spricht, der die
² sieben Sterne in seiner Rechten hält, der wandelt inmitten der sieben Leuchter: Ich kenne deine Werke und deine Mühen und deine Ausdauer, und daß du die Bösen nicht ertragen kannst und daß du die erprobt hast, die sich als Apostel ausgeben, ohne es
³ zu sein, und daß du sie als Lügner erfunden hast. Auch hast du Geduld und hast um meines Namens willen gelitten und bist nicht
⁴ müde geworden. Ich habe aber gegen dich, daß du deine erste
⁵ Liebe eingebüßt hast. Bedenke also, wovon du abgefallen bist und bekehre dich und tu die ersten Werke wieder. Sonst komme ich über dich und rücke deinen Leuchter von seiner Stelle, wenn
⁶ du nicht Buße tust. Doch hast du: Du hassest die Werke der
⁷ Nikolaiten, die auch ich hasse. Wer ein Ohr hat, der höre, was der Geist zu den Kirchen sagt: Dem Sieger will ich vom Baum des Lebens zu essen geben, der im Paradiese Gottes steht.

An die Gemeinde von Smyrna

⁸ Dem Engel der Gemeinde von Smyrna schreibe: Dies sagt der Erste und der Letzte, der tot war und wieder lebendig wurde. Ich
⁹ kenne deine Bedrängnis und deine Armut — du bist aber reich — und die Lästerung von seiten derer, die sich Juden nennen und es
¹⁰ nicht sind, sondern eine Synagoge Satans. Fürchte dich nicht vor dem, was du noch leiden mußt. Siehe, der Teufel wird einige von euch ins Gefängnis werfen, damit ihr geprüft werdet, und ihr werdet eine Trübsal von zehn Tagen zu bestehen haben. Sei
¹¹ getreu bis in den Tod, und ich will dir den Kranz des Lebens geben. Wer ein Ohr hat, der höre, was der Geist den Gemeinden sagt. Der Sieger wird vom zweiten Tod nichts zu erleiden haben.

An die Gemeinde von Pergamon

¹² Dem Engel der Gemeinde in Pergamon schreibe: So spricht, der das zweischneidige, scharfe Schwert führt. Ich weiß, wo du
¹³ wohnst, da, wo der Thron Satans ist. Doch hältst du an meinem Namen fest und hast den Glauben an mich nicht verleugnet in den Tagen, da mein treuer Zeuge Antipas bei euch, wo der Satan
¹⁴ wohnt, getötet wurde. Aber ich habe einiges weniges gegen dich: Du hast dort Leute, die der Lehre Balaams anhängen, der Balak riet, die Kinder Israels zur Teilnahme an den Götzenopfern und
¹⁵ zur Unzucht zu verführen. So hast auch du solche, welche die
¹⁶ Lehre der Nikolaiten in gleicher Weise festhalten. Bekehre dich!

Bild 2: Christus Alpha und Omega Offb 1, 7—8

Herr — wer vermag Dich darzustellen?
Wesentlich ist die Aussage deiner thronenden Haltung; wesentlich sind deine Wunden! Wesentlich ist das Alpha und das Omega, die am Beginn des Buches stehen und am Ende — Zeichen der alles beherrschenden Gestalt Christi. Wesentlich ist die erhobene Rechte mit ihrer Wunde, Zeichen der Anklage und Barmherzigkeit; und wesentlich ist das Herz mit der dreieckig geformten Wunde. Die Posaunenstöße aber sind der Ausdruck deines mächtigen Willens, dem die Gestirne nicht standhalten.   Michael Prader

Alpha (A) ist der erste, Omega (O) der letzte Buchstabe des griechischen Alphabets. Alpha versinnbildlicht sonach den Anfang, Omega das Ende, das Ziel.
Christus als Anfang und Ziel alles Geschaffenen, zugleich auch unseres Daseins, Wollens und Tuns: Das zu glauben und zu bekennen, werden viele in der Zeit ihres Erdenlebens zurückweisen. Darum wird es ihnen am Ende der Zeiten offenbar werden, wo Christus «auf den Wolken», das heißt für alle sichtbar, erscheinen und von den Wundmalen als der siegende und richtende Erlöser bezeugt werden wird.   Hans Baum

Sonst komme ich rasch über dich und werde gegen sie kämpfen mit dem Schwerte meines Mundes. ¹⁷ Wer ein Ohr hat, der höre, was der Geist den Gemeinden sagt. Dem Sieger will ich von dem verborgenen Manna und einen weißen Stein geben und auf dem Stein geschrieben einen neuen Namen, den niemand kennt als der Empfänger.

An die Gemeinde von Thyatira

¹⁸ Dem Engel der Gemeinde in Thyatira schreibe: Dies sagt der Sohn Gottes, der Augen hat wie eine Feuerflamme und dessen Füße ¹⁹ glühendem Erze gleichen. Ich kenne deine Werke, deine Liebe, deinen Glauben, deinen Dienst, deine Geduld und deine letzten ²⁰ Werke, die noch zahlreicher sind als die frühern. Ich habe aber gegen dich, daß du das Weib Jezabel gewähren läßt, welche sich als Prophetin ausgibt und meine Diener lehrt und verführt, Unzucht zu treiben und Götzenopferfleisch zu essen. ²¹ Ich habe ihr Zeit zur Bekehrung gegeben. ²² Doch sie will sich von ihrer Unzucht nicht bekehren. Siehe, ich werfe sie aufs Krankenlager und die mit ihr Unzucht treiben, in große Trübsal, wenn sie sich von ihren Werken nicht bekehren, und ihre Kinder will ich hin- ²³ sterben lassen. Und alle Gemeinden werden erkennen, daß ich es bin, der Herzen und Nieren erforscht und jedem von euch nach ²⁴ seinen Werken vergilt. Euch andern aber in Thyatira, die solche Lehre nicht teilen und die Tiefen Satans, wie sie sagen, nicht ²⁵ kennen, lade ich keine neue Last auf. Nur haltet fest, was ihr ²⁶ habt, bis ich komme. Wer siegt und in meinen Werken ausharrt bis ans Ende, dem will ich Macht über die Heiden geben, und er wird herrschen über sie mit ehernem Zepter, wie man ein Tongeschirr zerschlägt, wie auch ich es von meinem Vater empfan- ²⁷ gen habe. Und ich will ihm den Morgenstern geben. ²⁸ Wer ein Ohr hat, der höre, was der Geist den Gemeinden sagt.

An die Gemeinde von Sardes

3.¹ Dem Engel der Gemeinden in Sardes schreibe: Dies sagt der, welcher die sieben Geister Gottes und die sieben Sterne hat. Ich kenne deine Werke, daß du den Namen hast, du lebest, und doch bist ² du tot. Wach auf und stärke das übrige, das daran ist zu sterben. Denn ich habe deine Werke nicht als vollwertig gefunden vor ³ meinem Gott. Gedenke, wie du das (Evangelium) empfangen und gehört hast, bewahre es und bekehre dich. Wenn du aber nicht wachest, werde ich kommen wie ein Dieb und du sollst ⁴ nicht wissen, zu welcher Stunde ich komme. Du hast aber einige wenige Personen in Sardes, die ihre Kleider nicht befleckt haben; sie werden mit mir in weißen (Kleidern) einhergehen, denn sie ⁵ sind es würdig. Der Sieger wird mit weißen Gewändern bekleidet werden, und ich werde seinen Namen nicht auslöschen aus dem Buche des Lebens, vielmehr seinen Namen bekennen vor meinem ⁶ Vater und vor seinen Engeln. Wer ein Ohr hat, der höre, was der Geist den Gemeinden sagt.

An die Gemeinde von Philadelphia

⁷ Dem Engel der Gemeinde in Philadelphia schreibe: Dies sagt der eilige, der Wahrhaftige, der den Schlüssel Davids hat, der öffnet, daß niemand schließen kann, und der schließt, daß niemand ⁸ öffnen kann. Ich kenne deine Werke. Siehe, ich habe es gefügt, daß vor dir eine Tür offensteht, die niemand schließen kann. Du hast zwar geringe Kraft, hast aber mein Wort bewahrt und ⁹ meinen Namen nicht verleugnet. Siehe, ich sorge dafür, daß Leute aus der Synagoge Satans, die sich Juden nennen und es nicht sind, sondern Lügner, — siehe, ich werde machen, daß sie kommen und sich vor deinen Füßen niederwerfen und erkennen, ¹⁰ daß ich dich geliebt habe. Weil du mein Wort von der Geduld

Bild 3: Christus mit Schwert Offb 1, 9—20

Erschrecken, Anbetung und Abwehr kündet die Gestalt des Sehers. Der Herr fordert Rechenschaft und spricht Urteil. Machtvoll und von lebendem Licht umflossen ist die Gestalt des Herrn, vor deren Leuchtkraft die sieben Sterne und die Fackeln fast verschwinden. Die Fackeln, die man erst entdecken muß, sind Bild der dienenden Geister.
Das Schwert, das aus dem Munde kommt, ist das zweischneidige Wort, scharf und klar. Dieses Schwert hat die Form des Kreuzes und ist Symbol der Weisheit Gottes, welche die irdische Weisheit schlagen wird.
Michael Prader

Aus dem Munde kommt das Wort, das der Gerechtigkeit und der Wahrheit dient. Das zweischneidige Schwert versinnbildlicht diese zwei göttlichen Tugenden Christi: die vollkommene Gerechtigkeit und die vollkommene Wahrheit. Als höchster Richter trägt Christus den «goldenen Gürtel» des Königs, als höchster Priester dessen «wallendes Gewand». «Sieben Sterne», die sieben Siegel der Apokalypse, und «sieben goldene Leuchter», Sinnbilder der «sieben Gemeinden», sind als beziehungsreiche Zeichen mit in das geschaute Christusbild hineingenommen. Christus selbst trägt das «schneeweiße» Haar des «Hochbetagten», des Vaters, aus seinen Augen und dem Antlitz flammt das Feuer des Heiligen Geistes.
Das Bild als Ganzes, das geschaute wie dessen künstlerische Wiedergabe, widerlegt schon für sich allein die Irrtümer moderner Theologen bezüglich der Wirksamkeit des Heiligen Geistes bei der geschichtlichen Entfaltung der kirchlichen Lehre vom dreifaltigen Gott, hinsichtlich der Königs- und Priesterwürde Christi und alles dessen, was gläubige und vom Hl. Geist geführte Theologen in den vergangenen zwei Jahrtausenden aus den Evangelien als Wahrheit erschlossen haben. Wiederum ein Beweis dafür, daß und wie «das Zeugnis Jesu» nur Geltung hat, wenn es aus dem «Geist der Weissagung» und nicht aus dem Ungeist der Zweifelssucht erschlossen wird.
Hans Baum

bewahrt hast, will ich dich bewahren in der Prüfungsstunde, die über die ganze Erde kommen wird, um die zu prüfen, die auf
¹¹ Erden wohnen. Ich komme bald. Halte fest, was du hast, damit
¹² niemand deinen Siegeskranz nehme. Den Sieger will ich zu einer Säule im Tempel meines Gottes machen, und da soll er nicht mehr herauskommen. Darauf will ich den Namen meines Gottes und den Namen der Stadt meines Gottes, des neuen Jerusalem, schreiben, das aus dem Himmel von meinem Gott herabkommt,
¹³ und auch meinen neuen Namen. Wer ein Ohr hat, der höre, was der Geist den Gemeinden sagt.

An die Gemeinde von Laodizea

¹⁴ Dem Engel der Gemeinde in Laodizea schreibe: So spricht, der Amen heißt, der treue und wahrhaftige Zeuge, der Anfang der
¹⁵ Schöpfung Gottes. Ich kenne deine Werke, daß du weder kalt
¹⁶ noch warm bist. Daß du doch kalt oder warm wärest! So aber will ich dich, weil du lau bist und weder warm noch kalt, ausspeien aus meinem Munde.
¹⁷ Du sagst: Ich bin reich und zu Reichtum gekommen und bedarf nichts, und weißt nicht, daß du elend,
¹⁸ bejammernswert, arm, blind und nackt bist. Ich rate dir, von mir Gold zu kaufen, das im Feuer geglüht ist, damit du reich werdest, und weiße Kleider, damit du dich bekleidest und die Schande deiner Blöße nicht offenbar werde, und Augensalbe,
¹⁹ um deine Augen zu salben, damit du siehst. Alle, die ich liebe,
²⁰ weise ich zurecht und nehme sie in Zucht. Sei nun eifrig und
²¹ bekehre dich! Siehe, ich stehe vor der Türe und klopfe an. Wenn jemand meine Stimme hört und die Türe öffnet, werde ich bei ihm eintreten und Mahl mit ihm halten und er mit mir. Den
²² Sieger will ich mit mir auf meinem Throne sitzen lassen, so wie auch ich gesiegt habe und mich mit meinem Vater auf seinen Thron gesetzt habe. Wer ein Ohr hat, der höre, was der Geist den Gemeinden sagt.

Bild 4: Das Weib Jezabel Offb 2, 20—23

Jezabel, bist du auferstanden in der modernen Kirche? Schon damals warst du für eine Öffnung zur Welt hin, für eine Kollaboration mit dem Bösen. Deine Lehren schillern da und dort durch im Wort und Tun der Geweihten. Doch Vorsicht, deine Anbetung ist Schauspielerei, deine Doppelzüngigkeit ist Verrat, dein Wort ist Schlangengift. Wer dir folgt, geht den Weg des Verderbens.
Michael Prader

Jezabel lebte um etwa 900 vor Christus und war die Frau des israelischen Königs Achab. Diesen verführte sie zu mancherlei Schandtaten, darunter zum Bau eines Tempels für den heidnischen Gott Baal und zur Ausrottung der Propheten Gottes. So ging das Weib Jezabel als Inbegriff der Verführung durch die weitere Heilsgeschichte bis hinein in unsere Tage.
Auf Bild 4 wird Jezabel beim Schlangentanz gezeigt, den sie vor Menschen unserer Zeit, gleich welchen Alters, Geschlechtes und Standes, in Kirche und Welt aufführt.
Hans Baum

DAS DRAMA DER PARUSIE
Die Vorereignisse der Parusie

Gott in geheimnisvoller Majestät

4.¹ Danach schaute ich, und siehe da, eine Türe war geöffnet im Himmel, und die erste Stimme, die ich wie eine Posaune hatte reden hören, sprach: Steige hierher empor, und ich will dir zeigen, was nachher geschehen soll. ² Sofort ward ich im Geist ³ (entrückt). Und siehe, ein Thron war im Himmel aufgestellt, und auf dem Throne saß einer. Und der darauf saß, war seinem Aussehen nach gleich einem Jaspis- und Sardisstein. Rings um den Thron war ein Regenbogen, seinem Aussehen nach gleich ⁴ einem Smaragd. Und rings um den Thron (sah ich) 24 Throne und auf den Thronen sitzend 24 Älteste, angetan mit weißen Kleidern, und auf ihren Häuptern trugen sie goldene Kränze. ⁵ Von dem Throne gehen Blitze und Stimmen und Donnerschläge aus, und vor dem Throne brannten sieben Feuerfackeln, welche ⁶ die sieben Geister Gottes sind. Vor dem Throne war etwas wie ein gläsernes Meer, gleich Kristall; und in der Mitte des Thrones und rings um den Thron waren vier lebende Wesen voller Augen ⁷ vorn und hinten. Das erste lebende Wesen glich einem Löwen, das zweite lebende Wesen glich einem Stier, das dritte lebende Wesen hatte ein Antlitz wie ein Mensch und das vierte lebende ⁸ Wesen glich einem fliegenden Adler. Die vier lebenden Wesen hatten je sechs Flügel und waren ringsum auf der Innenseite voller Augen, und gaben sich keine Ruhe bei Tag und bei Nacht, indem sie sangen: Heilig, heilig, heilig ist der Herr Gott, der All- ⁹ herrscher, der war und der ist und der kommt. Sooft die lebenden Wesen Ruhm, Ehre und Dank dem darbrachten, der auf dem ¹⁰ Throne saß, der in alle Ewigkeit lebt, fielen auch die Ältesten nieder vor dem, der auf dem Throne saß, und beteten den an, der in alle Ewigkeit lebt, und legten ihre Kränze vor dem Throne ¹¹ nieder und sprachen: Würdig bist du, unser Herr und Gott, zu empfangen Ruhm, Ehre und Macht, denn du hast alle Dinge geschaffen, und kraft deines Willens waren sie und wurden sie geschaffen.

Das Buch mit den sieben Siegeln

5.¹ Ich sah in der Rechten dessen, der auf dem Throne saß, eine Buchrolle, innen und auf der Rückseite beschrieben, mit sieben ² Siegeln versiegelt. Und ich sah einen starken Engel, der ver- kündete mit lauter Stimme: Wer ist würdig, die Buchrolle zu ³ öffnen und seine Siegel zu lösen? Aber niemand im Himmel und auf Erden und unter der Erde vermochte die Buchrolle zu öffnen ⁴ und in diese hineinzublicken. Da weinte ich sehr, daß niemand würdig erfunden wurde, die Buchrolle zu öffnen oder in diese hineinzublicken.

Übergabe der Buchrolle an das Lamm

⁵ Und einer von den Ältesten sagte zu mir: Weine nicht! Siehe, gesiegt hat der Löwe aus dem Stamme Juda, der Wurzelsproß Davids, so daß er die Buchrolle und ihre sieben Siegel zu lösen ⁶ vermag. Und ich sah inmitten des Thrones und der vier lebenden Wesen und inmitten der Ältesten ein Lamm stehen, wie ge- schlachtet; es hatte sieben Hörner und sieben Augen; das sind ⁷ die sieben Geister Gottes, ausgesandt auf die ganze Erde. Es trat hervor und empfing (das Buch) aus der Rechten dessen, der auf ⁸ dem Throne saß. Und als es die Buchrolle empfing, fielen die vier lebenden Wesen und die vierundzwanzig Ältesten vor dem Lamme nieder. Ein jeder hatte eine Harfe und eine goldene

Bild 5: Anbetung des Thronenden Offb 4, 1—11

Der Herr sagt zu Pilatus: «Mein Reich ist nicht von dieser Welt.» Hier öffnet sich dem Seher eine gewaltige Sicht dorthinein, was kein Auge je gesehen und kein Ohr je gehört hat. Jeder malerische Versuch bleibt Stückwerk; auch dieser. Und doch nimmt das Bild gefangen. Die Schöpfung kreist um ihren Schöpfer. Mensch, Engel und Stoff huldigen Ihm. Die vier Wesen und die sieben Fackeln gehören zum Geisterheer der Engel. Blitz und Donner künden die Majestät Gottes. Das ganze Bild mit den Ältesten ist ein Akt der Anbetung und Huldigung an den, der alles geschaffen hat.
Michael Prader

Der «Eine», der auf dem Throne sitzt, ist der «Namenlose». Um Ihn gruppieren sich nach einer Art von himmlischer Rangordnung die «vier Wesen», die zwölf «Ältesten» der Stämme Israels und die zwölf Apostel als «Ältesten» der Kirche des Neuen Testaments. Vor dem Throne brennen «sieben Feuerfackeln», ein «gläsernes Meer» veranschaulicht die Tiefe, Klarheit und unendliche Weite des Geistes Gottes. Man hört «bei Tag und Nacht» den Lobpreis Gottes singen und gewinnt den Eindruck einer Ewigen Anbetung, die sich in der liturgischen Ordnung des Himmels vollzieht.
Hans Baum

Schale mit Weihrauch; das sind die Gebete der Heiligen. Sie sangen ein neues Lied mit den Worten: Würdig bist du, die Buchrolle zu empfangen und ihre Siegel zu öffnen; denn du bist geschlachtet worden und hast für Gott mit deinem Blute (Menschen) erkauft aus jedem Stamm, aus jeder Sprache, aus jedem Volk und jeder Nation. Du hast sie für unsern Gott zu einem Königreich und zu Priestern gemacht, und sie werden herrschen auf Erden. Dann schaute und hörte ich die Stimme vieler Engel rings um den Thron und um die lebenden Wesen und die Ältesten, und ihre Zahl war 10 000 mal 10 000 und 1 000 mal 1 000. Sie sprachen mit lauter Stimme: Würdig ist das Lamm, das geschlachtet wurde, zu empfangen die Macht und Reichtum und Weisheit und Kraft und Ehre und Herrlichkeit und Lobpreis. Und jedes Geschöpf, das im Himmel und auf Erden und unter der Erde und auf dem Meere ist, samt allem, was es darin gibt, hörte ich sagen: Dem, der auf dem Throne sitzt und dem Lamme (gebührt) das Lob und die Ehre und die Herrlichkeit und die Macht in alle Ewigkeit. Die vier lebenden Wesen sprachen: Amen, und die Ältesten fielen nieder und beteten an.

Öffnung der vier ersten Siegel
Die apokalyptischen Reiter

6.1 Ich sah zu, als das Lamm eines von den sieben Siegeln öffnete, und ich hörte eines von den vier lebenden Wesen wie mit Donnerstimme rufen: Komm! Und ich sah, und siehe, ein weißes Pferd (erschien) und der darauf saß, hatte einen Bogen, und es wurde ihm ein Kranz gegeben, und er zog aus als Sieger, um zu siegen. Und als es das zweite Siegel öffnete, hörte ich das zweite lebende Wesen rufen: Komm! Da kam ein anderes Pferd hervor, ein feuerrotes, und dem, der darauf saß, wurde Macht gegeben, den Frieden von der Erde wegzunehmen und zu bewirken, daß sie einander hinschlachteten; und es wurde ihm ein großes Schwert gegeben. Und als es das dritte Siegel öffnete, hörte ich das dritte lebende Wesen rufen: Komm! Und ich schaute, und siehe, ein schwarzes Pferd; und der darauf saß, hielt eine Waage in der Hand. Ich hörte eine Stimme inmitten der vier lebenden Wesen sprechen: Ein Maß Weizen für einen Denar und drei Maß Gerste

Bild 6: Lamm und Buchrolle Offb 5, 1—14

Große Erwartung ist im Himmel und alles ist bereit zum Empfang. Der Erlöser, der Herr, der Sohn — der Menschensohn kommt heim. Johannes hört: Der Löwe von Juda hat gesiegt. Und welches Erstaunen: Ein Lamm wird sichtbar, wie geschlachtet. David, der Ahnherr, schlägt die Harfe und die ganze Schöpfung stimmt erneut ihren Lobgesang an, um den Vater zu preisen und den Sohn, der sich für uns geopfert hat und dem nun in der Himmelfahrt Gerechtigkeit wird. Dieses ist die Himmelfahrtsvision des Sehers. Das Lamm triumphiert! Und seine Lammgestalt und das strömende Blut zeigen, daß der Herr sein Opfer am Kreuze bestehen läßt.
Michael Prader

Der «Namenlose» des Alten Testaments wird durch die Offenbarung des Gottessohnes und des Heiligen Geistes als die erste Person des dreifaltigen Gottes erkannt und angebetet. Deshalb tritt zum Thronenden das «Lamm», das geschlachtet ward, als zweite göttliche Person hinzu. In der Rechten des Vaters sieht Johannes das Buch mit den sieben Siegeln. Das Buch wird dem Lamme gereicht, dem die Öffnung der sieben Siegel vorbehalten ist, da es geschlachtet worden ist, um vielen Menschen die Erlösung zu bringen. Daraus ist zu schließen, daß die Öffnung der Siegel durch das Lamm, durch den Kreuzestod erwirkt und sichtbar gemacht worden ist. Diese Schlußfolgerung wird beglaubigt in Offb 5, 5 mit den Worten: «Weine nicht! Gesiegt hat der Löwe vom Stamme Juda, der Sproß Davids, um das Buch und seine sieben Siegel zu öffnen.» Die Siegelöffnung geschah für uns Menschen und vor den Augen der Menschen auf Golgatha.
Hans Baum

für einen Denar, aber das Öl und den Wein sollst du nicht schädi-
⁷ gen. Und als es das vierte Siegel öffnete, hörte ich die Stimme
⁸ des vierten lebenden Wesens rufen: Komm! Und ich schaute und
siehe, ein fahles Pferd, und der darauf saß, hatte den Namen
«Tod»; und das Totenreich folgte ihm nach. Und es wurde ihnen
Macht gegeben über den vierten Teil der Erde, zu töten mit
Schwert und Hunger und Pest und durch die wilden Tiere der
Erde.

Öffnung des fünften Siegels

⁹ Als es das fünfte Siegel öffnete, sah ich unter dem Altare die
Seelen derer, die hingerichtet worden waren um des Wortes
¹⁰ Gottes und des Zeugnisses willen, das sie festhielten. Sie riefen
mit lauter Stimme: Wie lange, heiliger und wahrhaftiger Herr,
richtest und rächest du unser Blut an den Bewohnern der Erde
¹¹ nicht? Da wurde einem jeden von ihnen ein weißes Kleid gegeben, und es wurde ihnen gesagt, daß sie sich noch kurze Zeit
gedulden sollten, bis auch ihre Mitknechte und ihre Brüder, die
noch den Tod erleiden sollten wie sie, vollzählig seien.

Öffnung des sechsten Siegels
Naturgerichte über die gottlose Welt

¹² Ich sah, als es das sechste Siegel öffnete, wie ein großes Erdbeben
entstand, und die Sonne wurde schwarz wie ein härenes Trauer-
¹³ gewand, und der Vollmond wurde wie Blut. Die Sterne des
Himmels fielen auf die Erde, wie der Feigenbaum seine unreifen
¹⁴ Früchte abwirft, wenn er vom Sturmwind geschüttelt wird. Der
Himmel schwand dahin wie eine Buchrolle, die man zusammen-
rollt. Jeder Berg und jede Insel wurde von ihrer Stelle gerückt.

¹⁵ Die Könige der Erde, die Würdenträger, die Kriegsobersten, die
Reichen und Mächtigen, alle Sklaven und Freien verbargen sich
¹⁶ in die Klüfte und Felsen der Berge. Sie sprachen zu den Bergen
und Felsen: Fallet über uns und verberget uns vor dem Angesicht
dessen, der auf dem Throne sitzt, und vor dem Zorn des Lam-
¹⁷ mes. Denn der große Tag des Zornes ist für sie gekommen. Wer
kann da bestehen?

Bild 7: Lamm mit sieben Hörnern Offb 5, 6

Zuerst erregt dieses Bild Grauen. So ist es mir ergangen. Diese Darstellung des Lammes ist gewiß einmalig. Am ganzen Leib trägt das Lamm die Zeichen der Macht, die Hörner, und die Zeichen des Wissenden, der Geistgabe, die Augen. Es sieht eben rundum — nichts entgeht Ihm.
Die Siebenzahl ist heilige Zahl, Zahl des Vollbesitzes. Die sieben Siegel der Buchrolle sind Zeichen des Ratschlusses Gottes und das Lamm wird ihn ausführen. Noch aber ist der Herr das Lamm, das retten will und nicht richten. Immer noch ist es die Zeit des blutenden Herzens Jesu und seines Durstes. Leo XIII. hat in prophetischer Ahnung um die Jahrhundertwende die Welt dem göttlichen Herzen Jesu geweiht.
Michael Prader

Die sieben Hörner mit den sieben Augen werden nach Offb 5, 7 als «die sieben Geister Gottes ausgesandt auf die ganze Erde». Dies legt die Annahme nahe, daß es sich hierbei um die Engel der sieben Siegel handelt und daß die Siegel selbst die göttlich beglaubigten Marksteine im Ordnungsplan der Erde, also der Menschen, darstellen.
Bild 7 verleiht diesem Zueinander von Hörnern und Siegeln, wenn vielleicht auch unbeabsichtigt, in beredter Weise Ausdruck.
Hans Baum

Besiegelung der Auserwählten

7.¹ Hierauf sah ich vier Engel an den vier Ecken der Erde stehen; sie hielten die vier Winde der Erde fest, daß kein Wind wehe über die ² Erde noch über das Meer noch über irgendeinen Baum. Da sah ich einen andern Engel vom Aufgang der Sonne heraufsteigen, der das Siegel des lebendigen Gottes hatte, und er rief mit mächtiger Stimme den vier Engeln zu, denen Macht gegeben war, der ³ Erde und dem Meere Schaden zuzufügen. Er rief: Schädiget nicht das Land noch das Meer noch die Bäume, bis wir den Knechten unseres Gottes das Siegel auf die Stirne gedrückt haben. ⁴ Ich hörte die Zahl der mit dem Siegel Bezeichneten: 144 000 Be- ⁵ zeichnete aus allen Stämmen der Söhne Israels. Aus dem Stamme Juda 12 000 Bezeichnete; aus dem Stamme Ruben 12 000; aus ⁶ dem Stamme Gad 12 000; aus dem Stamme Aser 12 000; aus dem Stamme Nephtali 12 000; aus dem Stamme Manasse 12 000; aus ⁷ dem Stamme Simeon 12 000; aus dem Stamme Levi 12 000; aus ⁸ dem Stamme Issachar 12 000; aus dem Stamme Zabulon 12 000; aus dem Stamme Joseph 12 000; aus dem Stamme Benjamin 12 000 Bezeichnete.

Die Heiligen vor Gottes Thron

⁹ Darauf schaute ich, und siehe da, eine große Menge, die niemand zählen konnte, aus allen Nationen und Stämmen und Völkern und Sprachen, die vor dem Throne und dem Lamme stand, ¹⁰ angetan mit weißen Kleidern und Palmen in den Händen. Sie riefen mit lauter Stimme: Heil unserem Gott, der auf dem Throne ¹¹ sitzt, und dem Lamme. Und alle Engel standen rings um den Thron, um die Ältesten und die vier lebenden Wesen; sie fielen ¹² vor dem Throne auf ihr Antlitz und beteten Gott an. Sie spra- chen: Amen. Lob, Herrlichkeit, Weisheit, Dank, Ehre, Macht ¹³ und Kraft gebührt unserem Gott in alle Ewigkeit. Amen. Einer der Ältesten ergriff das Wort und sagte zu mir: Wer sind diese ¹⁴ mit den weißen Kleidern und woher kommen sie? Ich antwortete ihm: Mein Herr, du weißt es. Und er sagte zu mir: Das sind jene, die aus der großen Trübsal kommen und ihre Kleider im Blute ¹⁵ des Lammes weißgewaschen haben. Deshalb sind sie vor dem Throne Gottes und dienen ihm Tag und Nacht in seinem Tempel, ¹⁶ und der auf dem Throne sitzt, wird über ihnen wohnen. Sie werden nicht mehr hungern und nicht mehr dürsten, und weder ¹⁷ die Sonne noch irgendeine Glut wird sie treffen. Denn das Lamm, das mitten vor dem Throne steht, wird sie weiden und sie zu den Wasserquellen des Lebens führen; und Gott wird jede Träne von ihrem Auge wischen.

Öffnung des siebten Siegels

8.¹ Und als es das siebte Siegel öffnete, entstand eine Stille im Himmel, etwa eine halbe Stunde lang.
² Ich sah die sieben Engel, die vor Gott stehen, und es wurden ³ ihnen sieben Posaunen gegeben. Und ein anderer Engel kam. Er trat vor den Altar mit einem goldenen Rauchfaß. Ihm wurde viel Räucherwerk gegeben, damit er es mit den Gebeten aller ⁴ Heiligen auf den goldenen Altar lege vor dem Throne. Der Rauch des Räucherwerkes stieg mit den Gebeten der Heiligen aus der ⁵ Hand des Engels zu Gott empor. Da nahm der Engel das Rauchfaß, füllte es mit Feuer vom Altar und warf es auf die Erde. Da erfolgten Donnerschläge, Stimmen, Blitze und ein Erdbeben.
⁶ Da machten sich die sieben Engel, die die sieben Posaunen hatten, bereit zum Blasen.

Bild 8: Die apokalyptischen Reiter Offb 6, 1—8

Die vier apokalyptischen Reiter sind die wirklichkeitsschwangere Bestätigung für das Wort des Herrn: «Ohne mich könnt ihr nichts tun.» Wer sich dem Wort des Herrn verweigert, verfällt dem Hochmut und damit den Mächten der Gewalt. Das Bündnis Sünde, Tod und Teufel zuckt und schnürt wie ein Lasso.
Michael Prader

Man muß festhalten: Das Lamm, Christus, kannte als Sohn des Vaters die Siegel des Buches von Ewigkeit her, wie es auch den Engeln bekannt sein mußte, da viele von ihnen ja im Dienste der Siegel standen und noch stehen. Also mußten und müssen auch die Dämonen um den Inhalt der Siegel wissen, weil sie vor ihrem Sturz den übrigen Engeln gleich waren. Nur so ist zu verstehen, daß der erste Reiterdämon, dessen weißes Pferd die mythische Farbe des Ostens aufweist, sich bereits als Sieger im Kampf um die Siegelverwirklichung sieht und sich zum «Bogen» den Siegeskranz reichen läßt.

Als weitere Siegelzerstörer folgen ihm ein Reiter aus dem «Norden» (Rot ist die Farbe des Nordens) und je einer aus dem «Süden» (schwarzes Pferd) und aus dem «Westen» (fahles Pferd). Also bedeuten die «vier Ecken (oder Himmelsrichtungen) der Erde», wo immer sie in der Apokalypse Erwähnung finden, zugleich die vier ersten Siegel. Die Art, wie die vier Reiterdämonen wüten, läßt sicherlich Rückschlüsse zu auf die Art der Siegel, zu deren Zerstörung und Beseitigung sie auszogen. In dieser Feststellung liegt zweifellos ein besonderer Auftrag an die Theologie.
Hans Baum

Mit 6 Posaunenstößen von 6 Engeln — alles im Rahmen des 7. Siegels — rollt zu Beginn (Offb 8 und Offb 9) ein Nuklearkrieg ab, der die Endzeit einleitet. Die Ereignisse der ersten vier Posaunenstöße erfolgen auf der Erde ganz unvermittelt; ohne Vorankündigung:

Die vier ersten Posaunen

7 Der erste (Engel) stieß in die Posaune. Da entstand Hagel und Feuer mit Blut vermischt und ward auf die Erde geworfen. Der dritte Teil der Erde verbrannte, ein Drittel der Bäume verbrannte und alles grüne Gras verbrannte. 8 Der zweite Engel stieß in die Posaune. Da wurde etwas wie ein großer, feuerglühender Berg ins Meer geworfen. 9 Ein Drittel des Meeres wurde zu Blut, ein Drittel der im Meere lebenden Geschöpfe starb, ein Drittel der Schiffe ging zugrunde. 10 Der dritte Engel stieß in die Posaune, und es fiel ein großer Stern vom Himmel, der wie eine Fackel brannte. Er fiel auf den dritten Teil der Flüsse und auf die Wasserquellen. 11 Der Stern heißt Wermut. Ein Drittel der Gewässer wurde zu Wermut, und viele Menschen starben vom Wasser, weil es bitter geworden war. 12 Der vierte Engel stieß in die Posaune, und es wurde ein Drittel der Sonne, des Mondes und der Sterne geschlagen, so daß sie zu einem Teil finster wurden und der Tag und ebenso die Nacht zu einem Drittel nicht mehr hell war.

Es wird von einem Bombardement bzw. Beschuß gesprochen, bei welchem Feuer von oben gegen die Erde geschleudert wird. Dieses Feuer enthält in sich besondere Stoffe, die mit dem Blut in engerer Beziehung stehen: Um einen vergrößerten Aktionsradius zu erzielen, werden nukleare Explosivkörper in Höhen von ca. 400 Metern (A-Waffen) bzw. von ca. 4000 Metern (H-Waffen) detoniert. Buchstäblich wird dabei Feuer in Gestalt von Licht-, Röntgen- und Gammaquanten auf die Erde geschleudert. Diese unmittelbare Hitzestrahlung, die auf der Erde die Gesteine verdampft und die Organismen vergast, ist die primäre Auswirkung der Detonation; der Luftdruck wird hierdurch erst sekundär ausgelöst. Unmittelbar mit der Detonation entstehen in der Glutwolke die radioaktiven Spalt- und Anlagerungskerne (Radioisotope), die vor allem über das Blut als Giftstoffe wirken. Über die Nahrung und die Schleimhäute gelangen sie in das Blut, aus dem sie vom Knochengrüst und verschiedenen Organen zum Teil hochselektiv — wie die natürlichen, stabilen Isotope gleicher Ordnungszahl — absorbiert werden; Zellausfälle mit Blutzersetzung und Krebswucherungen sind die hauptsächlichen Folgen.

Bild 9: Die Märtyrer Offb 6, 9—11

Das fünfte Siegel öffnet einen Spalt des Vorhanges, welcher die Ratschlüsse Gottes verhüllt. Der Schrei nach Gerechtigkeit erhebt sich zum Himmel. Gottes Antwort lautet: Zuwarten, bis die Zahl der Opfer voll ist. Welche Glaubensprüfung für all die vielen, die da warten auf eine Wandlung hier auf Erden! Das fünfte Siegel gibt also das Zeichen zur Geduld und zur klaren Hoffnung. Gott wird richten!
   Michael Prader

«Die Seelen derer, die hingemordet worden waren um des Wortes Gottes und des Zeugnisses willen», erlitten ihr Martyrium nicht nur in der Gemeinschaft mit Christus in der Zeit des Neuen Testamentes, sondern auch in der Zeit der jüdischen Zeugenschaft des Alten Testamentes. Alle diese Seelen rufen daher die Gerechtigkeit des Vaters an, in deren Dienst das hier soeben geöffnete fünfte Siegel steht.
   Hans Baum

Diese strahlenden Radioisotope verbreiten sich in der Atmosphäre und den Gewässern über die ganze Erde. Nach und nach werden sie abgeregnet, wobei sie sich in den obersten zehn Zentimetern des Bodens gegen natürliche, stabile Atome austauschen. Von da werden sie von den lebenden (grünen) Pflanzen über deren Stoffwechsel aufgenommen; weit mehr vom Gras, dessen Wurzeln sich gerade in dieser Tiefe von etwa zehn Zentimetern ausbreiten, als von den tiefer wurzelnden Bäumen. Das Gras ist damit weit mehr der auf der ganzen Erde einsetzenden inneren Verbrennung durch aufgenommene Radioisotope ausgesetzt als Baumlaub.

Eine Wasserstoffbombe vermag mit ihrem Energieinhalt von ca. 10^{16} cal eine Wassermasse von 10 000 000 Kubikmetern (eines beträchtlichen Sees!) zu verdampfen. Wasserstoffbomben, die zur Bekämpfung von Flotteneinheiten ins Meer geworfen werden, erzeugen deshalb eine feuerglühende, schwach konische Dampfhalbkugel. Mit ihrer Gestalt, ihrem Durchmesser und ihrer Höhe von einigen Kilometern und ihrer Megatonnenmasse kommt sie einem großen Berge gleich.

Die Radioisotope aus den Detonationsreaktionen und der anschließenden Neutronen-Absorption gelangen hierbei größtenteils in das Meer. Mit ihrer Affinität zum Blute bewirken sie ein Massensterben aller Arten von Meerestieren. Eine hochbrisante Stoßwelle im Wasser bohrt die Schiffe in weitem Umkreis in den Grund.

Interkontinentale Raketengeschosse weisen bereits die erste kosmische Geschwindigkeit von ca. 8 km/sec auf. Sie gehören damit bereits einer Gattung von Gestirnen an, die man als «Trabanten» oder «Satelliten» bezeichnet. Die Geschosse werden hierbei nur auf eine Bahn höherer Exzentrizität als die der dauerkreisenden Satelliten gebracht, so daß sie am Ziel wieder in die Erdatmosphäre eintauchen.

Der Niedergang eines tonnenschweren künstlichen Satelliten läßt eindrucksvoll einen großen, weißglühenden Stern mit leuchtenden Dämpfen erscheinen. Ein Hauptproblem der Kriegstechnik besteht nun darin, die an der Geschoßoberfläche entstehende Bremswärme vom Inneren abzuhalten, so daß der eigentliche Waffenträger sich unzerstört bis auf wenige Kilometer der Erdoberfläche nähern kann. Seit 1959 ist dieses Problem so gelöst, daß das Geschoß mit einem Kunstharzmantel umgeben wird, in welchen zur Verzögerung der Abbrenngeschwindigkeit hochschmelzende Bestandteile wie etwa Quarz eingelassen sind. Die Maximaltemperatur im Inneren wird damit durch die Zersetzungstemperatur des Kunstharzes begrenzt. Schon bei wenigen hundert Grad raucht und brennt dieser Harzmantel im Niedergehen des Geschosses wie eine Fackel ab.

Bild 10: Die Natur in Aufruhr Offb 6, 12—17

Die Zeit kennt keine Ruhe; langsam aber sicher geht sie ihren Weg und fordert ein, was da kommen soll. Im Gleichschritt mit der Zeit und so sicher wie der Tod vollzieht sich das Gericht. Hier wird — wie bei der Passion des Herrn — die ganze Natur vom Geschehen am Menschen miterfasst. Was gestern noch als unwahrscheinlich ausgesehen hat, liegt heute um so mehr im Bereich des Möglichen. Jedes Jota, so sagte Jesus, wird sich erfüllen.
Michael Prader

Dieses Bild könnte in ähnlicher Weise zu den Naturereignissen gemalt werden, die gemäß Mt 27, 51-56; Mk 15, 33—34 und Lk 23, 44—45 beim Kreuzestod Jesu auftraten. Wie damals, so wird laut Offb 6, 12—17 auch kurz vor der Wiederkunft des Herrn die Natur seine Gottheit bezeugen. Das sechste Siegel steht sonach im Dienste dieses Zeugnisses Jesu.
Hans Baum

Nicht nur die Explosivwirkungen, sondern vor allem auch die Giftwirkungen nuklearer Waffen werden für die Kriegstechnik herangezogen. Es werden Giftbomben mit nuklearen Reaktionen über dem Zielgebiet entwickelt, die in erhöhtem Maß Neutronen und Radioisotope ausschütten. Es gibt sogar nukleare Giftbomben ganz ohne Explosivwirkung, die gewisse, aus den Reaktorabfällen abgesonderte Radioisotope über dem Zielgebiet abrauchen.
Durch solche Giftbomben werden ganze Landstriche tödlich radioverseucht; insbesondere dadurch, daß diese Radiogifte mit den Niederschlägen in die freien Gewässer gelangen.

Nukleare Detonationen in der Luft über dem Erdboden — und das ist das Hauptanwendungsgebiet nuklearer Explosivwaffen — fördern gewaltige Gesteinsmassen in die Atmosphäre. Die Energie jeder A-Bombe der Kilotonnenklasse würde ausreichen, etwa tausend Tonnen Gestein zu verdampfen; jede H-Bombe der Megatonnenklasse etwa Millionen Tonnen. Der Hauptanteil der Detonationswärme verteilt sich dabei zwar, ohne eine unmittelbare Gesteinsverdampfung zu bewirken. Aber die ungeheure mechanische Gewalt, die durch die thermische Detonationswirkung ausgelöst wird, führt zu einer Verstaubung noch sehr viel größerer Gesteinsmassen. Durch den Staubsog der hochstrebenden Glutwolken wird dieser Staub in viele Kilometer Höhen, zum Teil — unter Durchstoßung der Tropopause — bis in die Stratosphäre verbracht, wo er sich über alle Kontinente verteilt. Der Staubauswurf beim Ausbruch des Krakatau (Sundastraße, 1883) hatte noch jahrelang bis nach Europa eigenartige Sonnenfärbungen und Verschleierungen zur Folge. Ebenso — nur in noch viel größerem Umfang — bewirkt die Staubhebung eines nuklearen Großkrieges eine bedeutende Verringerung der Lichteinstrahlung von Sonne, Mond und Sternen.

Die in großer Höhe ziehenden Staubschwaden lassen speziell (Tyndall-Effekt) eine Art von Verdüsterung und Verfärbung erwarten, wie es heißt: «Die Sonne wird schwarz wie ein härenes Trauergewand; der ganze Mond rot wie Blut» (Offb 6/12).

13 Und ich sah und hörte einen Adler, der hoch am Himmel flog, mit lauter Stimme rufen: Wehe, wehe, wehe den Bewohnern der Erde wegen der übrigen Posaunenstöße der drei Engel, die noch in die Posaune stoßen sollen.

Bild 11: Die Windengel Offb 7, 1—3
Ein gewaltiges Bild der Hoffnung. Wer Gott sucht, dem begegnet nicht die Gerechtigkeit Gottes, sondern die Liebe und das Erbarmen des Herrn. Gott scheidet klar und unverkennbar. Bei Ihm und darum auch bei den heiligen Engeln gibt es kein Ansehen der Person. Die Menschen sind gezeichnet, für Gott oder ... Der Engelruf läßt zugleich erkennen, wie sehr die Schöpfung unter dem Einfluß und dem Ordnungsdienst der Geister steht. Diese «Schaltstellen» arbeiten so fein und unsichtbar wie die Seele im Menschenleib; in der Schöpfung greift alles ineinander über.
Michael Prader

An den «vier Ecken der Erde» stehen die Engel der vier ersten Siegel. Ihnen zugeordnet sind vier Engel, welche den letztzeitlichen Sturm und Aufruhr der Natur solange zurückhalten sollen, bis den Gläubigen das Siegel Gottes in der Apokalypse, und durch es auch der Zweck, das begrenzte Ausmaß und die begrenzte Dauer dieses letztzeitlichen Sturmes bekannt geworden sind. Vieles in der Apokalypse weist darauf hin, daß es Maria ist, die der Kirche das Siegel zur rechten Zeit offenbaren wird.
Bild 11 zeigt die «Windengel» beim Zurückhalten der «Winde» und bei der Verschonung von «Land», «Meer» und «Bäumen».
Hans Baum

Dieser unauffällig erscheinenden Zwischenschiebung kommt eine überaus charakteristische Bedeutung zu: Die ersten vier Posaunenstöße zeigen durchweg Vorgänge, die dem überraschenden nuklearen Schlag mit Fernwaffen zugehören samt deren unmittelbaren Auswirkungen. Dagegen die folgenden Posaunenstöße bezeichnen anhaltende Kampfhandlungen der Luftwaffe und des Heeres.

Ganz bezeichnend für die gegebene Situation sprechen die Parusierenden Christi und die Geheime Offenbarung immer wieder von «Tag» und «Stunde» (etwa Mt 24/36). Wenn die Zeit reif ist, wenn sich die Geier gesammelt haben, wenn die Katastrophe in der Luft vibriert, dann — folgt immer noch ein gewöhnlicher Alltag nach dem anderen. Aber dann an einem Tag wie jedem anderen, an welchem man aß und trank, kaufte und verkaufte, pflanzte und baute (Lk 17/28), stürzt alle Hoffnung zusammen. Ein Dasein in Frieden und ein Dasein vor einer phantomhaften, ungewissen Enderwartung wandelt sich unvermittelt in die Gegenwart der Katastrophe. In der Möglichkeit nahe und täglich zu erwarten, aber dennoch als Wirklichkeit ferne und gänzlich unerwartet bricht das Gericht in einen satt und träge dahintreibenden Alltagsstrom. Innerhalb einer Stunde vollzieht sich ein jäher Wandel zu einem Dasein der Bedrängnis, «wie es seit Anbeginn der Welt bis jetzt keine gegeben hat noch je geben wird» (Mt 24/21).

Hat sich in der Auslösung der technisch-nuklearen Apparatur dieser schockartige Wandel vollzogen, so folgen zwangsläufig die eigentlichen militärischen Operationen der Streitkräfte. Diese kündigen sich gleichsam von selbst als Folge des nuklearen Schlages an. Die in großer Höhe (20 km) dahinziehenden Aufklärungsflugzeuge («Adler») geben Kunde von den Vorbereitungen solcher Operationen. Sie kündigen schon voraus an, welche Schlagkraft und welche Bedrängnisse hiervon im «Ernstfall» zu erwarten wären.

Die fünfte Posaune

9.1 Der fünfte Engel stieß in die Posaune. Da sah ich einen Stern, der vom Himmel auf die Erde gefallen war; ihm wurde der
2 Schlüssel zum Schacht des Abgrundes gegeben. Er öffnete den Schacht des Abgrundes, und da stieg Rauch aus dem Schacht wie der Rauch aus einem gewaltigen Ofen, und Sonne und Luft
3 wurden von dem Rauch aus dem Schacht verfinstert. Aus dem Rauche kamen Heuschrecken über die Erde, und es wurde ihnen

Bild 12: *Die Heiligen Offb 7, 9—17*

Dieses Bild strahlt Sieg und Herrlichkeit. Die Verheißungen des Herrn an die Seinen werden sich ebenso sicher erfüllen wie die Drohungen an jene, die ihn hassen.
Welche Massen! Jesus vergleicht die Scheidung mit dem Fischfang: Die heiligen Engel werden die eingezogenen Fische sortieren. Dieses Bild ist ein schwacher Kommentar zum Wort des Apostels: Kein Auge hat es gesehen, kein Ohr hat es gehört, was Gott denen bereitet hat, die Ihn lieben!
  Michael Prader

«Eine große Menge, die niemand zählen konnte», sah Johannes an der himmlischen Liturgie der «vier Wesen», der «vierundzwanzig Ältesten» und der Engel vor dem Thron und dem Lamm teilnehmen. Es sind die Heiligen, die Gottes Angesicht schauen dürfen.
Dieses Bild strahlt den Glaubenstrost für diejenigen aus, die an den Endereignissen, wie sie die Siegelöffnungen schildern, teilzunehmen haben werden. Sie sollen in der Zeit der letzten Heimsuchungen immer daran erinnert bleiben, daß diese nur in geringem Verhältnis zu dem stehen, was derer harrt, die unerschütterlich an die Verheißungen Gottes glauben.
  Hans Baum

4 die Macht gegeben, wie sie die Skorpione der Erde haben. Es wurde ihnen geboten, sie sollten weder dem Gras der Erde noch dem Grün noch einem Baum schaden, sondern nur den Men-
5 schen, die das Siegel Gottes nicht auf der Stirne tragen. Doch ward ihnen nicht erlaubt, die Menschen zu töten, sondern nur, sie fünf Monate zu peinigen. Ihr Schmerz ist wie der Schmerz
6 eines Skorpions, wenn er einen Menschen sticht. In jenen Tagen werden die Menschen den Tod suchen, ihn aber nicht finden, und sie werden begehren zu sterben, doch der Tod flieht vor
7 ihnen. Das Aussehen der Heuschrecken glich Rossen, die zum Kampf gerüstet sind, auf ihren Köpfen trugen sie goldähnliche
8 Kränze. Ihr Gesicht glich einem Menschengesicht. Ihre Haare waren wie Frauenhaare, ihre Zähne wie Löwenzähne, ihre Pan-
9 zer wie Eisenpanzer. Das Geräusch ihrer Flügel war wie das
10 Rasseln vieler Streitwagen, die in den Kampf rennen. Sie hatten Schwänze und Stacheln wie Skorpione. In ihren Schwänzen lag die Kraft, den Menschen fünf Monate lang Schaden zuzufügen.
11 Als König haben sie über sich den Engel des Abgrundes, der
12 hebräisch Abaddon, griechisch Apollyon heißt. So ging das erste Wehe vorüber, aber siehe, noch zwei Wehe kommen nach.

Die Forderung nach einer durch einen Überraschungsangriff nicht ausschaltbaren Abschreckungsmacht führt zur Verlegung der Raketenabschußbasen und Startbahnen der taktischen Luftflotten in unterirdische Schachtanlagen.
Mehr als tausend unterirdische, durch schwere Deckel verschlossene Abschußschächte stehen schon seit 1966 in Bereitschaft; mit eingezielten, programmgesteuerten Minutemanraketen. Unterirdische Startbahnen in von Panzertüren verschlossenen Schachtanlagen für Bodenkampfflugzeuge sind schon seit längerer Zeit bereitgestellt. Wegen der kurzen Startbahnlänge müssen solche Flugzeuge mit Hilfsraketen gestartet werden. Durch den Stromstoß der Automatisierungsanlage, die auf ein niedergehendes Feindgeschoß anspricht, werden die Schachtverschlüsse ausgeschwenkt und die Raketen und Geschwader zum Start gebracht.
In der Automatisierung des Gegenschlags ist buchstäblich dem niederstoßenden Satellitengeschoß der Schlüssel zur Öffnung der unterirdischen Schächte gegeben. Die hochleistungsfähigen modernen Raketentreibstoffe ergeben mit ihrem wirk-

Bild 13: Die Posaunen-Engel Offb 8, 2—6

Die Geister stehen im Hintergrund des Geschehens, ob es der Mensch wahrhaben will oder nicht. Diese unerbittlich Blickenden, wie eine fortschreitende Melodie die Posaunen hebend, sind ein Bild des unerbittlich sich vollziehenden Ratschlusses Gottes. Die Posaunenstöße sind Willenskundgebungen Gottes in die Zeit hinein. Unser Jahrhundert liegt doch wohl in dieser Posaunensituation. Fatima mit seiner Botschaft, im Gegensatz zur Weltrevolution Moskaus, ist sicher ein derartiger Posaunenstoß. Konkret ausgedrückt: Glaube und Unglaube im Kampf. Buchstäblich erfüllt sich vor unseren Augen, was Maria in Fatima verkündet hat. Michael Prader

Der Öffnung des siebten Siegels sind die beiden Kapitel 8 und 9 der Apokalypse gewidmet, ein Zeichen für die besondere Bedeutung des siebten Siegels, das man als das Siegel des Heiligen Geistes bezeichnen kann.
Die noch folgenden dreizehn Kapitel enthalten eine Vielzahl von Prophetien über das Endzeitgeschehen, über die endzeitliche Rolle Marias und ihres Gegenspielers, des Drachen, über die Gefahren, die der Kirche auf ihrem Weg durch die Geschichte und durch die Tage der Endzeit drohen werden, über die Rolle der beiden Zeugen (oder Reiche) in der gesamtchristlichen Gemeinschaft, über bestimmte Gestalten im Ablauf der kommenden Heilsgeschichte, vor allem aber über die hohe Bedeutung der Siegelenthüllung für den Endkampf zwischen der Kirche und der «Synagoge Satans». Durch die Öffnung des siebten Siegels wird diese großartige Selbstoffenbarung des Heiligen Geistes eingeleitet, — Anlaß genug, das neue Geschehen durch Posaunenstöße der sieben Engel, die vor Gott stehen, einzuleiten und zu begleiten.
Hans Baum

samen Aluminium- und Borgehalt feste Oxyde in den Verbrennungsprodukten mit einer ungewöhnlich starken, ofenartigen Rauchentwicklung. Die Fernraketen und taktischen Geschwader heben sich daher aus einem dichten Qualm heraus, der von den Schachtmündungen her aufsteigt.
Tieflieger-Maschinengewehrgarben auf kämpfende Truppen in offenem Feld und auf offener Straße haben panikerregende Wirkung. Das Peitschen der Schüsse, das Heulen der Turbinen, das Schreien der Verwundeten und das angsterfüllte Suchen nach den Angehörigen der mitbetroffenen Flüchtlingsströme führen zu trostloser Verzweiflung und Todesverlangen. Wenn auch die Zahl der hierbei tatsächlich Umkommenden gering und nicht kriegsentscheidend ist, erreicht der Angreifer doch seine Absicht: Mit zerstörten Transportmitteln und mit entsetzengetriebenen Menschenmassen verstopfte Straßen verhindern geordnete Truppenverschiebungen und gut organisierte Fluchtbewegungen. So werden die Menschen das Opfer der mit ihren Panzern nachstoßenden Feindarmeen.
Die Geheime Offenbarung bezeichnet ausdrücklich die «Heuschrecken» als Befehlsträger und somit als bewußt nach Weisung Handelnde, die nicht das Gras bekämpfen, sondern unmittelbar gegen Menschen vorgehen; naturgemäß gegen die operierenden militärischen Einheiten.
Er sieht die Zerstörergeschwader auf die Menschen aus der Luft niederstoßen wie die Heuschreckenschwärme auf die Felder. Mit ihrer Flügel- und Rumpfform, mit der Steifheit und dem metallischen Glanz ihres Chitins, mit der Art der Körperhaltung und der Flugbewegung hat die Heuschrecke mehr Ähnlichkeit mit dem Flugzeug als jedes andere flugfähige Tier. Er sieht die metallische Verschalung der Flugzeuge — und vergleicht sie mit der Rüstung von Kampfrossen. Die erste Verwendung von Aluminium dachte Napoleon III. auch den Kürassen seiner Kavallerie zu. Er sieht die Kanzeln mit ihrer durchbrochenen Metallkonstruktion — und vergleicht sie mit goldähnlichen Kronen. Er sieht den Piloten durch die Kanzel schauen und erkennt das Gesicht des Menschen; der Gedanke, daß hier der homo sapiens selbst in seiner flugzeuggemäßen Pilotengarnitur schaltet und waltet, scheint ihm gar nicht gekommen zu sein — und wäre wohl auch zu grotesk aus der antiken Sicht. Er sieht die Kondensstreifen als ein Gewirr feinster Nebelfäden längs der Ionisationsbahnen der sich elektrisch aufladenden Abgasteilchen — und vergleicht sie mit dem Frauenhaar. Er sieht die Verstrebungen und Verzahnungen durch die Kanzel — und vergleicht sie mit Löwenzähnen. Er erkennt die Leichtmetall-Legierungen der Flugzeugaußenhaut in ihrer eisenähnlich-metallischen Beschaffenheit; wobei er merkt, daß sie sich vom Eisen doch unterscheiden. Er hört den gewaltigen Lärm der Triebwerke, die er als «Flügelschlag» bezeichnet — und vergleicht sie mit dem Lärm vieler in den Kampf stürmender Streitwagen (die durch Rätschen an den Speichen großen Lärm zu verursachen bemüht waren!). Er sieht die Läufe der Bordwaffen als «Schwänze und Stacheln» und empfindet, daß eben aus diesen das (der Schuß) ausgestoßen wird — wie mit dem Schwanz des Skorpions —, das die Menschen schädigt und peinigt.

Die sechste Posaune

13 Der sechste Engel stieß in die Posaune. Da hörte ich eine Stimme aus den vier Hörnern des goldenen Altares, der vor Gott steht.
14 Sie sprach zu dem sechsten Engel, der die Posaune hielt: Binde die vier Engel los, die am großen Euphratstrom gefesselt sind.
15 Die vier Engel wurden nun losgelassen, die auf Stunde, Tag, Monat und Jahr bereitstanden, den dritten Teil der Menschen
16 zu töten. Die Zahl der Reiterscharen war zwanzigtausend mal

Bild 14: Engel mit Rauchfaß Offb 8, 3—4

Die Stunde, da die Bitten der Heiligen im Himmel und der Gläubigen auf Erden um die Vollendung der irdischen Heilsgemeinde im Zeichen von Gerechtigkeit, Wahrheit und Liebe erhört werden, ist gekommen. Zum Zeichen dessen schleudert der Engel das Rauchfaß auf die Erde und sogleich setzen dort die Endwehen ein, aus denen eine gereinigte und geläuterte Menschenwelt hervorgehen wird.   Hans Baum

17 zehntausend, ich hörte ihre Zahl. Ich sah in dem Gesichte die Rosse und die Reiter also: sie hatten feuerrote, rauchblaue und schwefelgelbe Panzer; die Köpfe der Rosse glichen Löwenköpfen und aus ihren Mäulern ging Feuer und Rauch und Schwefel hervor.
18 Durch diese drei Plagen wurde der dritte Teil der Menschen getötet, durch das Feuer und den Rauch und den Schwefel, der aus ihren Mäulern kam.
19 Die Kraft der Rosse lag in ihren Mäulern und in ihren Schwänzen. Ihre Schwänze waren schlangenähnlich und hatten Köpfe und mit ihnen richteten sie Schaden an.
20 Aber die übrigen Menschen, die durch diese Plagen nicht umkamen, bekehrten sich nicht von den Werken ihrer Hände, so daß sie die Dämonen und Götzenbilder aus Gold, Silber, Erz, Stein und Holz, die (doch) weder sehen noch hören noch gehen können, nicht (mehr) angebetet hätten.
21 Auch bekehrten sie sich nicht von ihren Mordtaten, noch von ihren Zaubereien, noch von ihrer Unzucht, noch von ihren Diebstählen.

Früher, zur Zeit der antiken Staats- und Kriegsführung, bedeutete das Bild eines großen Stromes das ganz Entsprechende wie für uns heute das Bild des «Eisernen Vorhangs». Zumal für das alte Judentum hatte der Euphrat diese Bedeutung, da von diesem her die Heere der Assyrer und Babylonier eingebrochen waren. Solange noch Frieden ist, ist die Macht der Militärs an diese als eiserner Vorhang bezeichnete Grenze gebunden, an der sich die Kräfte massieren.
Unvorstellbare Riesenheere sind zur Zeit in der Entstehung begriffen. Wie der chinesische Generalstabschef Lo Jui-tsching in der «Roten Fahne» im Frühjahr 1960 bekanntgegeben hat, stellt Rot-China eine Reservearmee von «hundert Millionen Menschen» in «Tausenden von Milizdivisionen» auf. Die Planstärke einer östlichen Division beläuft sich dabei auf 20 000 Mann. Wenn man damit rechnet, daß nach den üblichen tak-

Bild 15: Feuerglühender Berg Offb 8, 7—9

Was hier gezeigt wird, entspricht dem zweiten apokalyptischen Reiter. Dieser in immer neuen Phasen auftauchende zornglühende Berg präsentiert uns einen Kriegsschauplatz der Waffen und der Geister. Doch die Menschen ziehen keine Lehren aus der Geschichte. Nach dem Ersten Weltkrieg sagte Kardinal Michael Faulhaber von seinem Volke: «Wir sind gedemütigt worden, aber nicht demütiger.» Diese Beobachtung trifft weithin auf alle zu. Das Drittel weist auf das Ausmaß der Zerstörungen hin. Dieser feuerglühende Stein ist auch in die Kirche eingebrochen und wirft vieles durcheinander und so manches Schiff geht unter.
Michael Prader

Bis zum Beginn des sogenannten Atomzeitalters hielt man die Wehen, die von den ersten vier Posaunenstößen angekündigt werden, ausschließlich für Naturkatastrophen. Heute wissen wir, daß es in die Macht von Menschen gelegt ist, Naturkräfte zu entfesseln, wie sie Gottes Natur noch niemals gegen die Erde und ihre Bewohner eingesetzt hat. Deshalb kann das Bild vom Engel mit dem feuerglühenden Berg durchaus auch als die göttliche Zulassung einer von Menschen ausgelösten atomaren Katastrophe gedeutet werden. Hiroshima und Nagasaki machten den «feuerglühenden Berg» weithin sichtbar. Heute stehen wir vor der Frage, ob die Gebete der Gläubigen bzw. der Nochgläubigen ausreichen werden, um diesem Engel die Fortsetzung seines göttlichen Auftrages ersparen zu helfen. Wenn dies gelingt, kommt das Verdienst den Betern zu, nicht den «andern».
Hans Baum

tischen Gepflogenheiten ein Teil der Armee in Reserve verbleibt, würde also die Sowjetunion mit ihren Satelliten zusammen mit Rot-China etwa 10 000 Divisionen in den Kampf führen können. Es ergibt sich daraus eben das Produkt 20 000 × 10 000 der Geheimen Offenbarung, die ausdrücklich als reale Zahl — «diese Zahl hörte ich» — betont wird.

Die Geheime Offenbarung kündigt das Losbrechen eines derartigen Heeres an, nachdem es Stunde um Stunde, Tag um Tag, Monat um Monat, über ein Jahr für den Angriff bereitgestanden hatte; vermutlich in vier Heeresgruppen. An anderer Stelle (Offb 16/12) wird angegeben, daß dies das Losbrechen «der Könige vom Osten» ist.

Er sieht die Panzer daherrollen, die er in Ermangelung irgendeines besseren Vergleichs als «Rosse» bezeichnen muß. Die erste, sich selbst bewegende Maschine war knapp zweitausend Jahre später die Lokomotive, die die Leute damals auch als «Stahlroß» bezeichneten. Er sieht die üblichen Tarnfarben: kupferrot, ockergelb und schwarzblau. Er sieht die schweren Geschützrohre lang und schlank aus dem Panzerturm ragen — und er erkennt an deren Ende die kopfförmig verdickte Rohrrückstoßbremse (durch Pulvergasumlenkung wirkend), wie sie viele Panzertypen besitzen. Er vergleicht die Geschütze mit Schlangen; das einzige passende Beispiel aus einer Zeit über tausend Jahre vor der ersten Kanone. Im 15. bis 17. Jahrhundert wurden die langen, kleinkalibrigen Geschütze allgemein als «Schlangen» bezeichnet; etwa «Feldschlangen». Er sieht das Mündungsfeuer aus dem «Maul» des «Kopfes» am Laufende hervorschießen. Visuell ist es nicht möglich — auch ihm nicht —, die abgeschossene Granate auf ihrer rasanten Bahn zu verfolgen. Aber er empfindet dennoch, daß eben diese Geschütze die Stärke des Panzers bedeuten und ihn Unheil anrichten lassen.

Der Engel mit dem offenen Büchlein

10.1 Ich sah einen andern gewaltigen Engel aus dem Himmel herabsteigen; er war in eine Wolke gehüllt, der Regenbogen (stand) über seinem Haupte, und sein Antlitz war wie die Sonne, seine
2 Beine wie Feuersäulen. In seiner Hand hielt er ein offenes Büchlein. Er setzte seinen rechten Fuß auf das Meer, seinen linken auf
3 das Land. Er rief mit lauter Stimme, wie ein Löwe brüllt. Und als er gerufen hatte, ließen die sieben Donner ihre Stimme erschallen.
4 Und als die Donner geredet hatten, wollte ich schreiben. Aber ich hörte eine Stimme aus dem Himmel rufen: Versiegle, was die sieben Donner geredet haben, und schreibe es nicht auf. Der
5 Engel, den ich auf dem Meer und dem Lande stehen sah, erhob seine rechte Hand zum Himmel und schwur bei dem, der in alle
6 Ewigkeit lebt, der den Himmel geschaffen hat und was darin ist, und die Erde und was darauf ist und das Meer und was darin ist:
7 Nun wird keine Zeit mehr sein, sondern in den Tagen der Stimme des siebten Engels, wenn er sich anschickt, in die Posaune zu stoßen, wird der geheime Ratschluß erfüllt sein, wie er es seinen Knechten, den Propheten, als Frohbotschaft verkündet

Bild 16: Der Adlerruf Offb 8,13

Der Adler, nach jüdischem Volksglauben Vorbote der Gerichte Gottes, ruft jenen Menschen sein dreifaches «Wehe» zu, die nicht mit dem Siegel Gottes bezeichnet sind. Für sie gebraucht die Apokalypse des öfteren die Bezeichnung «Bewohner der Erde». Der Adlerruf leitet die Ereignisse ein, die von den drei letzten Posaunenstößen angekündigt und ausgelöst werden.
Hans Baum

8 hat. Die Stimme, die ich aus dem Himmel gehört hatte, redete abermals mit mir: Geh hin und nimm das geöffnete Büchlein in der Hand des Engels, der auf dem Meer und auf dem Lande
9 steht. Da ging ich hin zum Engel und sagte zu ihm, er möge mir das Büchlein geben. Er sagte zu mir: Nimm und verschlinge es, und es wird deinen Magen mit Bitterkeit erfüllen, in deinem
10 Munde aber wird es süß wie Honig sein. Da nahm ich das Büchlein aus der Hand des Engels und verschlang es; und es war in meinem Munde süß wie Honig, und als ich es verschlungen hatte,
11 wurde mein Magen mit Bitterkeit erfüllt. Da sagte man mir: Du mußt nochmals weissagen über viele Völker und Nationen und Sprachen und Könige.

«Da erhob der Engel, den ich auf dem Meere und auf dem Lande stehen sah, seine rechte Hand zum Himmel und schwur bei dem, der lebt von Ewigkeit zu Ewigkeit, der den Himmel geschaffen hat und was in ihm ist, die Erde und was auf ihr ist, das Meer und was in ihm ist: 'Es wird keine Frist mehr sein. Vielmehr wird in den Tagen, da der siebte Engel sich anschickt, in die Posaune zu stoßen, der geheime Ratschluß Gottes erfüllt sein, wie Er seinen Knechten, den Propheten, angekündigt hat'» (Offb 10/5—7).
Engel sind Geister, von Gott geschaffene Mächte; ausübende Gewalten. Sie erscheinen in der Gestalt, in der sich ihre Aufgabe am besten erfüllt. Was dieser vor dem 7. Posaunenstoß erscheinende «andere» Engel rief und was die sieben Donner vernehmen ließen, steht in der Geheimen Offenbarung nicht geschrieben. Und doch ist es geoffenbart; gerade dadurch deutlicher als durch alle Worte. Wir brauchen nur die Insignien zu betrachten, die uns dieser Engel zeigt: Die Wolke kondensierten Dampfes kennzeichnet nukleare Detonationen auf dem Meere. Feuersäulen kennzeichnen nukleare Detonationen über dem Lande. Der farbenstrahlende, erdteilüberspannende Stratosphärenlichtbogen über dem Feuerball kennzeichnet die in großer Höhe — zur Ausschaltung der Radar-Anlagen der Abwehr — detonierte «Regenbogenbombe». Alle Beobachter vergleichen nukleare Detonation mit der Sonne, deren ungeschützter Anblick das Augenlicht zerstört. Auf dem Meere wie auf dem Lande steht der Qualm des nuklearen Feuers, von dessen Brüllen der Erdkreis zittert.
Der Engel hat ein offenes Büchlein in der Hand; es ist offen, jeder kann darin lesen, wenn er will. Da dieser Engel niedersteigt, ist die Zeit reif für das Lesen und Beachten der Geheimen Offenbarung.

Bild 17: Heuschrecken-Plage Offb 9, 1—12

Noch deutlicher charakterisiert der fünfte Posaunenstoß die Situation unserer Tage. Verwirrung, eine Explosion von Kriminalität, Mord und Totschlag. Der Fürst dieser Welt dominiert und seine Dämonenheere überrollen die Erde. Die Himmelsleuchten, Sonne, Mond und Sterne verlieren ihre Leuchtkraft und sind ein Fanal für die Verdunkelung der Gotteserkenntnis. Der Atheismus zeigt seine waren Pranken: Lüge und Tyrannei.
Michael Prader

Wander-Heuschrecken überzogen in großen, dichten Schwärmen die Felder des Orients und stellten die Ernte und das Leben vieler Menschen in Frage. Das Bild des Malers verdeutlicht die Furcht und das Grauen vor dieser Heimsuchung und läßt begreifen, warum die Prophetie die endzeitliche Loslassung der Dämonen in dieses Bild gekleidet hat. Es bedarf wohl keiner besonderen Beispiele für die Folgeerscheinungen dieser Loslassung. Sie begegnen uns täglich in solcher Zahl, daß nur «Bewohner der Erde» sie übersehen können, die für das «Siegel Gottes auf ihrer Stirn» keinen Raum bieten.
Hans Baum

heimen Offenbarung. Denen, die die Offenbarung Gottes beherzigen, sind die Endereignisse angekündigt und nicht verborgen; Seinen Knechten, den Propheten. Aber für diejenigen, die in ihrer Verblendung und Verkommenheit ihr eigenes Ende selbst herbeiführen, ist der Ratschluß Gottes geheim. Die Stimme der Donner versiegelt sich vor ihren Ohren, und sie hören auch nicht die Stimme des Engels, obgleich sie furchtbar über die Ende dröhnt.

Die heilige Stadt und die zwei Zeugen

11.1 Es wurde mir ein Rohr gleich einem Stab gegeben mit den Worten: Mache dich auf und miß den Tempel Gottes und den Altar
2 samt denen, die darin anbeten. Den innern Vorhof des Tempels aber laß weg und miß ihn nicht; denn er ist den Heiden preisgegeben, und sie werden die heilige Stadt zertreten zweiundvierzig Monate lang.
3 Und ich werde meinen zwei Zeugen (Macht) verleihen, daß sie zwölfhundertsechzig Tage lang in Bußgewänder gehüllt als Propheten reden.
4 Sie sind die zwei Ölbäume und
5 die zwei Leuchter, die vor dem Herrn der Welt stehen. Und wenn jemand ihnen Schaden zufügen will, fährt Feuer aus ihrem Munde und verzehrt ihre Feinde, und wenn jemand ihnen Schaden zufügen wollte, muß er auf diese Weise umkommen.
6 Diese haben die Macht, den Himmel zu verschließen, daß kein Regen fällt in den Tagen ihrer Weissagung; auch haben sie Macht über die Gewässer, sie in Blut zu verwandeln und die Erde mit
7 jeglicher Plage zu schlagen, sooft sie wollen. Wenn sie ihr Zeugnis vollendet haben, wird das Tier, das aus dem Abgrund heraufsteigt, mit ihnen Krieg führen und sie besiegen und sie töten.
8 Ihr Leichnam wird auf dem Marktplatz der großen Stadt liegenbleiben, die im geistigen Sinn Sodoma und Ägypten heißt, wo
9 auch ihr Herr gekreuzigt wurde. Dann sehen die Leute aus den Völkern und Stämmen und Sprachen und Nationen ihren Leichnam dreieinhalb Tage lang und dulden es nicht, daß ihre Leich-
10 name in ein Grab gelegt werden. Und die Bewohner der Erde freuen sich über sie und frohlocken und werden sich gegenseitig

Bild 18: Die 4 gefesselten Engel vom Euphratstrom Offb 9,14

Der Euphratstrom ist einerseits ein Bild für das Leben, andererseits bildet er die jüdische Angstgrenze. Noch geht alles seinen gewohnten Lauf. Die großen, unsichtbaren Ordnungshüter halten den Zusammenbruch noch auf. Die Ketten bedeuten eine feste Bindung an eine Aufgabe. Die Naturgewalten sind noch gebunden an Maß und Ordnung. Wehe, wenn diese Geister, diese Ordnungshüter des Himmels, ihre Bindung loswerden! Dann kommt das Chaos, das schreckliche Durcheinander, das große Sterben.
Michael Prader

Die Euphratebene war in der jüdischen Geschichte oft Sammelplatz für die heidnischen Völker des Ostens, wenn sie sich anschickten, das Gottesvolk der Juden mit Krieg und mit ihren falschen Gotteslehren zu überziehen. Wir denken mit Recht bei dieser Schilderung an Oder und Elbe, an die tiefgestaffelte Bereitstellung sowjetischer Streitkräfte für den Blitzkrieg gegen Westeuropa und an die lockenden Verheißungen einer künftigen Menschheitsbeglückung durch die Sendboten der Weltrevolution. Auch heute stehen vier Unheilsengel, vorläufig noch durch Befehl zurückgehalten, im Osten: Die Rote Armee, die rote Flotte, die rote Luftwaffe und das Heer der politischen Einpeitscher, die das Eroberte weltanschaulich zu festigen haben. Nur Gott bestimmt letztlich, ob oder wann diese vier «gefesselten Engel» Moskaus erneut losgelassen werden; denn 1945 brachten sie bereits erhebliche Teile Mitteleuropas in ihren Besitz. Damit wäre diese Weissagung als ausreichend erfüllt zu bewerten, wenn die christlichen Völker des Westens daraus die gottgewollten Schlußfolgerungen gezogen hätten. Da sie es bis heute unterließen, könnten wir Gott zwingen, die Belehrung solange fortzusetzen, bis wir Christen uns in Not und Verfolgung im Glauben wie in der Politik geeinigt haben. Not lehrt nicht nur beten, sie lehrt auch rechtes Handeln.
Hans Baum

Geschenke senden, weil diese beiden Propheten die Bewohner der Erde belästigt haben. Aber nach dreieinhalb Tagen kam der Lebensgeist von Gott in sie hinein, und sie stellten sich auf die Füße, und große Furcht befiel die, die sie sahen.

12 Und sie hörten eine laute Stimme vom Himmel, die ihnen sagte: Steigt hieher empor. Und sie stiegen zum Himmel empor in der Wolke und ihre Feinde sahen sie. Zu jener Stunde entstand ein

13 großes Beben. Der zehnte Teil der Stadt stürzte ein, und durch das Erdbeben fanden siebentausend Personen den Tod unter den Trümmern. Die übrigen gerieten in Furcht und gaben dem Gott

14 des Himmels die Ehre. Das zweite Wehe ist vorüber. Siehe, das dritte kommt schnell.

Die siebte Posaune

15 Der siebte Engel stieß in die Posaune. Da erschollen im Himmel laute Stimmen, die sprachen: Die Weltherrschaft unseres Herrn und seines Gesalbten ist (nun) aufgerichtet, und er wird herrschen

16 in alle Ewigkeit. Und die vierundzwanzig Ältesten, die vor Gott auf ihren Thronen saßen, warfen sich auf ihr Angesicht nieder

17 und beteten Gott an. Sie sprachen: Wir danken dir, Herr Gott, Allherrscher, der ist und der war, daß du deine große Macht

18 ergriffen und die Königsherrschaft angetreten hast. Als die Völker ihren Zorn ausgetobt hatten, kam dein Zorn und die Zeit, da die Toten gerichtet werden und da du den Lohn gibst deinen Knechten, den Propheten und Heiligen und denen, die deinen Namen fürchten, den Kleinen und Großen, und da du jene ins Verderben stürzest, die die Erde verderben.

19 Es öffnete sich der Tempel Gottes im Himmel und die Lade seines Bundes in seinem Tempel wurde sichtbar. Und es entstanden Blitze und Stimmen und Donnerschläge und ein Erdbeben und großer Hagel.

Bild 19: Die Reiterscharen Offb 9,16—19

Ist es ein Zufall? Gibt es überhaupt einen Zufall? Ich meine Daniel Kapitel zehn und Apokalypse Kapitel zehn. Beide Male ein gewaltiger Engel mit der Botschaft. Die Gestalten sind sich sehr verwandt. Ist es dieselbe?
Die Botschaft ist deutlich genug. Sie trifft «Wasser» und «Erde», das heisst Geist und Stoff zugleich, den ganzen Menschen, die ganze Schöpfung. Der ganze Mensch und mit ihm die missbrauchte Schöpfung unterliegen dem Gericht.
Michael Prader

Der «gewaltige Engel» steht mit je einer Feuer- oder Geistsäule im «Meer» und auf dem «Lande».
Das Meer liegt im Westen des Heiligen Landes, dieses im Osten. Vom Osten kommt das Licht, die Sonne, kommt Christus, Gott, die übernatürliche Offenbarung des «Wortes» und die ihr zugeordnete Wissenschaft, die Theologie.
Vom Westen, vom Meere her, kommen Regen und Wind, kommt die irdische Fruchtbarkeit, das Leben mit allem, was ihm dient, voran das, was man die weltlichen Wissenschaften nennt, die unter dem Sammelbegriff Philosophie für geordnetes menschliches Denken und für die Wahrheiten der natürlichen Offenbarung Zeugnis geben sollen.
Wenn sich Theologie und Philosophie harmonisch ergänzen, bilden sie die beiden Geistsäulen der Weisheit. Diese bilden die «Beine» des «gewaltigen Engels» mit dem offenen Buch, der noch nicht versiegelten oder verschlüsselten Apokalypse. Er gab Johannes den Auftrag, sich den offenen Text der Apokalypse einzuverleiben, ihn zu «essen», um ihn daraufhin so zu versiegeln, daß das oder die Siegel nicht eher offenbar werden, bis der siebte Engel sich anschickt, «in die Posaune zu stoßen».
Dies ist, wie wir noch sehen werden, längst geschehen, ohne daß jedoch die schlafenden Christen davon erwacht wären.
Man wird fragen: Was sollte die Kirche denn tun in dieser heilsgeschichtlichen Stunde?
Die Antwort kann nur lauten: Die Kirche sollte dem «gewaltigen Engel» gehorchen und ihre Theologen anweisen, in Eintracht mit den Vertretern der weltlichen Wissenschaften ohne Säumen an die Entsiegelung der letzten dreizehn Kapitel der Apokalypse heranzutreten, die längst darauf warten, von allen Menschen gelesen werden zu können, und zwar im Klartext.
Dann würde alles, was einer christlichen Weltfriedensordnung den Weg versperrt, von selbst hinschmelzen wie der Schnee in der Sonne.
Hans Baum

Bild 20: Engel mit dem offenen Buch Offb 10, 1—7

Die Spannung, die seit Jahren über uns liegt, ist fast unerträglich geworden. Von Tag zu Tag, meint man, müsse es losbrechen. Der Wille zur Zerstörung ist schon vorhanden und zeigt sich in der Verblendung der Gesetzgeber, der Ohnmacht der Politiker, der Blindheit so mancher Kirchenmänner. Unaufhörlich tickt die Uhr. Einmal kommt das Grauen, für alle sicht- und spürbar. Schon brausen die Dämonenheere über uns hinweg, weil das eintrifft, was Christus vorausgesagt hat: Sie sehen und sehen doch nicht, sie hören und hören doch nicht.   Michael Prader

Der Künstler zeigt den Sturm aus dem Osten gemäß den Rüstungshinweisen und der Schlachtordnung, welche im Text der Apokalypse enthalten sind, also in symbolischer und damit zeitloser Einkleidung. Nur die Stadt mit dem Dom und die flugzeugartigen Gebilde über der Stadt verraten, daß auch im Geiste des Malers eine Brücke geschlagen wurde von den gefesselten Engeln am Euphratstrom über das kommunistische Ungetüm zu den entschlußlos dahindösenden Städten und Ländern im Westen Europas. Die ungeschützt daliegende Stadt mit der überragenden Kathedrale täuscht einen Frieden vor, der längst an einem seidenen Faden hängt. Auch die Kirche läßt die Dinge treiben, obwohl sie über eine Waffe verfügt, gegen die der «feuerglühende Berg» nur ein Funke ist: Die Apokalypse.   Hans Baum

Bild 21: Die zwei Zeugen Offb 11, 3—14

Zwei Zeugnisse bestätigen das Dasein und die Größe Gottes: Die Heilige Schrift als die übernatürliche, die Schöpfung und mit ihr der Mensch als die natürliche Offenbarung Gottes. Berufenster Zeuge im Sinne der übernatürlichen Offenbarung ist der Priester, höchstverantwortlich vertreten durch den Papst. Mitberufener zweiter Zeuge ist jeder Gläubige, höchstverantwortlich vertreten durch den Kaiser oder durch das, was im Bereich der höchsten staatlichen Führung vorübergehend an seine Stelle gesetzt wurde.

Das christliche Reich und mit ihm das Kaisertum «starb» im Jahre 1806. Zur Zeit steht das Papsttum im Begriff, dem zweiten Zeugen in den «Tod» zu folgen.

Christus ist höchster Priester und höchster König. Beides wurde bezeugt auf dem Berge Tabor, und zwar durch Elias als dem Priesterpropheten und durch Moses als dem Gesetzgeber und Führer seines Volkes.

Am Anfang der christlichen Heilsgeschichte steht der Tod der beiden Zeugen Petrus und Paulus, die mit Recht als die Apostelfürsten in die Kirchengeschichte eingingen. Petrus war der erste Papst, Paulus war christlicher Untertan des heidnischen Kaisers. Dürer malte Petrus mit dem «Schlüssel Petri», Paulus mit dem Schwert des Kaisers.

Für die Welt sind Papst und Kaiser «tot». Die Apokalypse verheißt ihre Wiedererweckung in der Letztzeit, wenn die Menschheit durch die heilsamen Schrecken der Endkatastrophen gegangen ist. Man darf die Heilsgeschichte nicht aus dem Blickfeld einer entarteten Gegenwart beurteilen. Man wird sich vielmehr ausrichten auf das Evangelium der Letztzeit, die Apokalypse. Papsttum und Kaisertum werden künftig nicht im Glanze der Macht, sondern im Lichte der Demut stehen, wie es ihnen die ersten Zeugen Petrus und Paulus vorgelebt haben.

Hans Baum

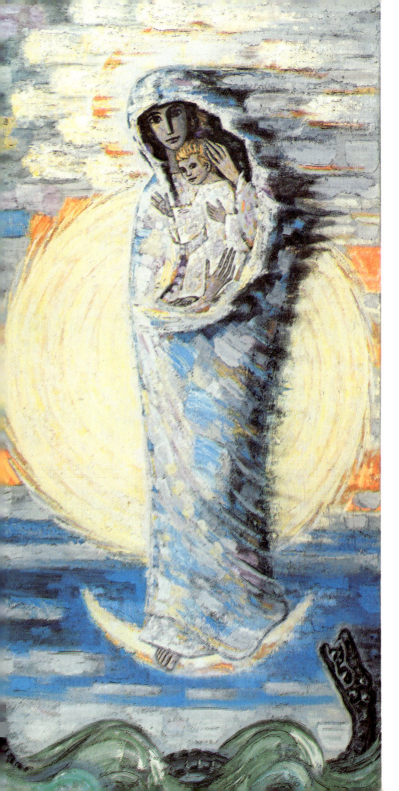

Bild 22: Die sonnenumhüllte Frau Offb 12, 1—4

Als Person ist die «Frau» im «großen Zeichen» zweifellos Maria. Maria kam aus dem Volke Israel; sie gebar das Jesuskind und floh mit ihm vor den teuflischen Nachstellungen des Herodes. Als es zum Manne herangewachsen war, nahm Satan den Verräter Judas und die Hohenpriester in seine Dienste, um «das Kind» zu töten. Aber der Tod Jesu wich der Auferstehung, Christus wurde zu Gott und dessen Thron entrückt. Bis hierher stimmen die Berichte der Apokalypse und der Evangelien miteinander überein, bis hierher ist mit der «Frau» auch Maria gemeint.

Was nun folgt, nämlich die Flucht der «Frau» in die Wüste und ihre wunderbare Ernährung, betrifft nicht Maria, sondern das, was sich aufs engste mit ihrer Person und ihrem Namen verbindet: die Kirche. Maria ist die «Mutter der Kirche», teilt deren Leiden und deren Nöte in der Wüste der Welt bis zur Wiederkunft des Sohnes, von dessen Fleisch und Blut sich die Kirche in der Hl. Eucharistie wundersam ernährt durch die Tage des Harrens auf den Herrn.

Der Maler zeigt Maria als apokalyptische «Frau» im Augenblick ihrer Flucht vor dem Drachen. Sonne und Sterne bewegen sich, deuten ein Entschweben an. Es sind zwölf Sterne, weil zwölf die Vollzahl des alten und des neuen Gottesvolkes darstellt und letztlich für alle Völker der Erde steht.

Hans Baum

Bild 23: St. Michael und der Sturz der Dämonen Offb 12, 7—10

Bei St. Michael drängen sich zwei Motive in den Vordergrund: Er ist eigentlich der Engel der Demut! Sein Abbild ist der junge David im Kampf mit dem Riesen Goliath. David bekennt, daß er im Namen und in der Kraft Gottes kämpft. Die Geister kämpfen nicht mit dem Schwert, ihre Waffen sind Lichtwaffen. Das Wort Gottes ist wie ein Strahl, der den Feind treffen wird. Erinnern wir uns an das Schwert aus dem Munde des Herrn! Der Name Michael bedeutet: «Wer ist wie Gott?». Michael und die Seinen stehen auf dem Boden der Demut und deshalb stehen sie auf der Seite Gottes. Die Rüstung ist nur Bild, nur Symbol des Kämpfers.

Der Sturz Luzifers ist noch nicht abgeschlossen; er zieht sich durch die ganze Geschichte hin. Der Kampf der Geister unter dem Banner des Atheismus scheint sich einem Höhepunkt zu nähern. Die Eroberung des Weltraumes durch die Technik, deren Vorbild der Turmbau zu Babel war, dürfte ein Symbol sein. Noch müssen die guten Geister zuwarten, bis es ihnen gewährt wird, ihre Gegner in den Abgrund zu schleudern. Auch der gläubige Christ muß warten.
Michael Prader

Schon der Name «Michael», das bedeutet «Wer ist wie Gott?», kennzeichnet diesen Engel als den Erzfeind derer, die sein wollten wie Gott, — allen voran Luzifer, der einstige Lichtengel. Auf die immerwährende Frage St. Michaels kann der Drache jedoch längst nicht mehr antworten, er sei Gott gleich. Als Satan hat Luzifer das Äußere des Lichtengels verloren, muß er zu Schlichen und Schwindeleien greifen, wenn er Gott nachäffen will. Selbst die Hölle würde in Gelächter ausbrechen, wollte er in seinem jetzigen erbärmlichen Zustand noch immer ausrufen: «Ich bin wie Gott». Mit seinem Namen, auf den Satan keine Antwort zu geben wagt, drängt St. Michael den Drachen und seinen Anhang immer tiefer in den Abgrund zurück. So wurde St. Michael sein eigener Name zur Waffe, zur gefürchteten «Lanze» im Kampf mit dem Drachen.

Die Engel, die sich gegen Gott und für Luzifer entschieden hatten, blieben ihrem Verführer verhaftet und teilen sein Ausgestoßensein in alle Ewigkeit. Was St. Michael dem Teufel zufügt, fügt er gleichzeitig auch den übrigen Dämonen zu. Die Lichtkraft seiner Engel hilft ihm, das Dunkel zurückzuscheuchen, an das die Dämonen gebunden sind.
Hans Baum

Bild 24: *Die Frau und der siebenköpfige Drache Offb 12,17*

Die Mutter hat das Kind geboren und birgt es mitten im drohenden Sturm — man möchte an Herodes denken. Furchtlos streckt uns das Kindlein die offenen Arme entgegen. Doch der Drache ist auf der Lauer. Die Menschwerdung des Gottessohnes ist das Signal für den wütenden Kampf, der nun offen einsetzt um die Herrschaft der Welt. Christus ist das Zeichen des Widerspruchs. Jesus kämpft nicht mit den Waffen dieser Welt, er geht den Weg des Lammes.

Dieses Bild ist zugleich ein Bild der Kirche, die den Herrn in ihrer Mitte und den Schatz, den sie empfangen, das depositum fidei, hüten will. Für viele macht es den Anschein, als ob es mit der Kirche zu Ende gehe und tatsächlich ist der Antichrist in ihr Inneres eingedrungen. Da erscheint wie eine Verheissung das Bild Mariens.

Michael Prader

Bild 25: Der Drache führt Krieg mit den Kindern der Frau Offb 12, 17

Maria, die sternengekrönte Königin des Weltalls und der heiligen Engel, die unbefleckt empfangene, die mit Leib und Seele in den Himmel aufgenommene Jungfrau und Mutter des Herrn — immer majestätischer tritt sie als jene in Erscheinung, welche schon an der Paradiesespforte als die grosse Hoffnung verkündet worden ist, als die zweite Eva mit dem zweiten Adam. Das wird aus den Zusammenhängen klar. Das Kindlein auf ihrem Arm schläft — Situation des Sturmes auf dem Meer, als der Herr schlief, während die Apostel vor Angst aufschrien. Ohnmächtig verharrt Er in der Hostie.

Hier haben wir eine der aktuellsten Stellen der Geheimen Offenbarung vor uns, eine Stelle, die sich vor unseren Augen erfüllt. Weil Satan erkennen muß, daß er gegen Maria nicht aufkommt, geht er auf ihre Kinder los, jetzt stürzt er sich auf den Papst und versucht, das Schifflein Petri zu kentern.

Die Dimension der Mutter wächst ins Kosmische; ihr Schutzmantel ist das Symbol für das gewaltige Kraftfeld, das die Engel um ihre Königin aufbauen. Der Mantel erscheint auf dem Bild wie ein weitgeöffnetes Tor, auf welches der Papst die Kirche hinsteuert. Pius XII. weihte die Welt ihrem unbefleckten Herzen. Paul VI. erneuerte diese Weihe, verkündete Maria als die Mutter der Kirche und machte eine Wallfahrt nach Fatima. Während der Drache sich aufbäumt und das Schiff der Kirche zum Kentern bringen will, erhebt Maria ihre rechte Hand: Sie spricht von Vertrauen, aber sie warnt auch — wie lange noch?
                                                          Michael Prader

Zum zweitenmal wird die apokalyptische Frau ins Bild gesetzt, diesmal aber nicht als die Verfolgte Satans an der Schwelle zur christlichen Heilsgeschichte, sondern als die Siegerin und die Zuflucht der Christen der Endzeit. Schildtragende Engel säumen den geöffneten Mantel der Mutter der Kirche, zu ihren Füßen sucht das Schiff Petri Schutz vor den letzten Stürmen und Verfolgungen.

Das Kind, das zum Throne des Vaters entrückt worden war, bringt Maria zurück auf die Erde, wo sie ihm den Weg in die Herzen der Menschen bereiten hilft, bevor sie ihn «auf den Wolken kommen sehen in großer Macht und Herrlichkeit».
                                                          Hans Baum

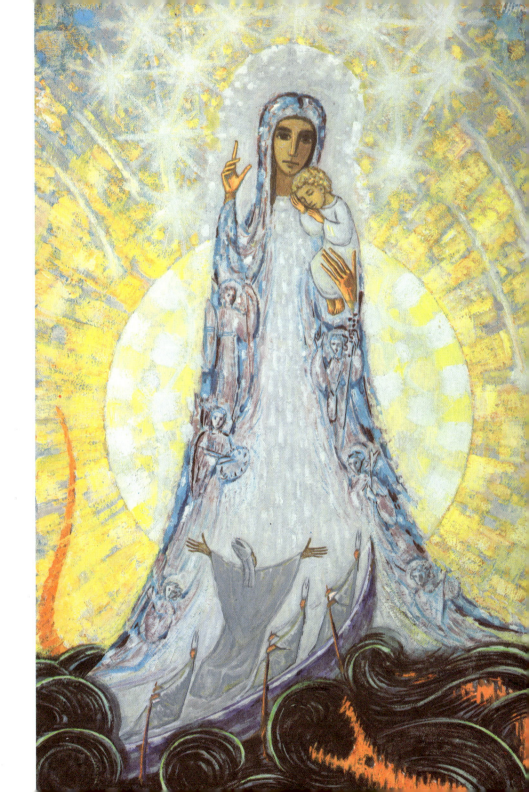

Bild 26: Die beiden Tiere Offb 13, 1—17

Da ist er, der siebenköpfige Gegenspieler der Königin der Engel, der Jungfrau und Mutter ihres Sohnes. Ich möchte sagen: Dreizehn gegen Dreizehn. 13 als Licht und 13 als Finsternis. Ist es ein Zufall, daß dieses Ereignis gerade im 13. Kapitel der Apokalypse berichtet wird? 13 bedeutet den Einen und Drei-Faltigen, es bedeutet aber auch den Gegenspieler, den Gegen-Gott und darum ist die dreizehn auch eine okkulte Zahl, dem Aberglauben dienstbar.

Unheimliches Bild von der Allmacht des Fürsten dieser Welt; immer neue Massen knien vor ihm nieder. Das Tier mit den Widderhörnern ist die Verkörperung der falschen Freiheitsparolen — also der Lüge und der Tyrannei — der falschen Wissenschaft, der Pseudopropheten, deren Lehren den Ohren kitzeln und zur Anbetung des Tieres führen.

Dieses Bild — eine Mischung aus Olympiade, Faschingsrummel, Starkult und Massenhysterie — wird zur Attrappe der falschen Erlösungsbotschaft des Drachens. Der Traum des irdischen Paradieses erstickt den Hunger nach Gott. Doch hinter all diesem Tand und Firlefanz, diesem Karussell der Massenmedien lauert der Feind mit seinen Vernichtungswaffen. Wo sind — in dieser Stunde der Finsternis — die Kinder des Lichtes? Sind sie noch das Salz der Erde? Michael Prader

Das erste Tier steigt vom Meere her auf, also im «Westen», woher das Leben, das menschliche Denken und Tun, die Macht der Flotten und des Staates kommt. All dies ist notwendig, gut und nützlich, wenn es in die Dienste von Gerechtigkeit, Wahrheit und Liebe gestellt wird. In der Hand des Tieres jedoch wird alles Gute in sein Gegenteil verkehrt: Die Weltanschauung wird befohlen, der Staat wird zum Gewaltstaat, die Kirche zu seinem erzwungenen Werkzeug; an die Stelle von Gerechtigkeit tritt die Willkür, an die Stelle der Wahrheit die Lüge, Liebe schlägt in Eigenliebe und in kalte Berechnung um. Über allem schwingt der Machtstaat die Peitsche der Gewaltsamkeit und Gewalttätigkeit. Wer das erste Tier sehen will, braucht sich nur in der heutigen Welt umzuschauen. Seinen Hauptsitz hat es im Machtbereich des Kommunismus.

Das zweite Tier ist «ähnlich dem Lamme» und ist diesem durch zwei Hörner äußerlich angeglichen. Es schleicht sich daher unerkannt in Religion und Kirche ein, verbreitet in kirchlicher Sprache Irrtümer und Lügen, verfälscht die Gottesverehrung, den Glauben und die Sitte und dringt sogar bis zum Thron des Papstes vor, um letztlich den Schlüssel Petri für sich zu beanspruchen. Auch dieses lammgleiche Tier kann heute von jedermann bei seinem Tun und Treiben beobachtet werden, man braucht nur mit wachem Blick in die Kirche unserer Tage hineinzusehen. Dort gibt es längst den Ton an, ohne daß selbst der Papst es immer daran zu hindern vermochte.

Die Schilderung der beiden Tiere endet mit der Offenbarung des Siegels des Tieres, der apokalyptischen Zahl 666. Sie soll «errechnet» werden aus dem Namen eines Menschen, weil sie die Zahl dieses Menschen genannt wird. Man hat mancherlei Versuche angestellt, diesen Menschen und das an ihm Berechenbare herauszufinden. Dabei ging man zumeist von den alten Sprachen, dem Hebräischen und dem Altgriechischen aus, ohne zu bedenken, daß die Apokalypse erst in der Endzeit entsiegelt werden kann und daß deshalb bei der Berechnung dieser Zahl von endzeitlichen Gegebenheiten ausgegangen werden muß. Auch unterließ man es, sich bei den Fachleuten in Fragen des Satanismus sowie bei den Mathematikern unserer Zeit zu erkundigen. Dann hätte man erfahren, daß die Satanisten die Zahl 666 seit eh und je aus dem gleichen Namen errechnen, wie es die Väter der urchristlichen Zeit auch versuchten, aus dem Namen des Christenverfolgers Nero nämlich. Sein Name lautete zu der Zeit, da Nero Kaiser geworden war:

NERO CLAUDIUS CAESAR AUGUSTUS GERMANICUS.

Er besteht aus 36 Buchstaben, also heißt die Schlüsselzahl 36, aus der sich die Zahl 666 wie folgt errechnen läßt:

$1 + 2 + 3 + 4 + 5 + 6 + 7 + 8 + 9 + 10 + 11 + 12 + 13 + 14 + 15 + 16 + 17 + 18 + 19 + 20 + 21 + 22 + 23 + 24 + 25 + 26 + 27 + 28 + 29 + 30 + 31 + 32 + 33 + 34 + 35 + 36 = 666.   Hans Baum

Der Höhepunkt der Parusie

Der lauernde Drache

12.¹ Ein großes Zeichen erschien am Himmel, eine Frau, umkleidet mit der Sonne, der Mond unter ihren Füßen und auf ihrem
² Haupte ein Kranz von zwölf Sternen. Sie war gesegneten Leibes
³ und schrie in ihren Wehen und Geburtsnöten. Noch ein anderes Zeichen erschien am Himmel. Und siehe da, ein feuerroter, großer Drache, der sieben Köpfe und zehn Hörner und auf seinen
⁴ Köpfen sieben Kränze hatte. Sein Schweif fegte den dritten Teil der Sterne weg und warf sie auf die Erde. Der Drache stellte sich vor die Frau, die gebären sollte, um ihr Kind gleich nach der
⁵ Geburt zu verschlingen. Sie gebar einen Sohn, ein männliches Kind, das alle Völker mit eisernem Stab weiden soll; und ihr Kind
⁶ wurde entrückt zu Gott und dessen Thron. Die Frau aber floh in die Wüste, wo sie eine von Gott bereitete Stätte hat, damit man sie dort ernähre zwölfhundertsechzig Tage lang.

Michaels Sieg über den Drachen

⁷ Da entstand ein Kampf im Himmel, Michael und seine Engel kämpften mit dem Drachen, und der Drache und seine Engel
⁸ kämpften. Aber sie vermochten nicht standzuhalten, und es fand
⁹ sich keine Stätte mehr für sie im Himmel. So wurde der große Drache, die alte Schlange, die Teufel heißt, und der Satan, der den Erdkreis verführt, gestürzt; gestürzt wurde er auf die Erde,
¹⁰ und seine Engel wurden mit ihm gestürzt. Ich hörte eine laute Stimme im Himmel rufen: Jetzt ist das Heil und die Kraft und die Herrschaft unseres Gottes und die Macht seines Gesalbten angebrochen; denn gestürzt wurde der Ankläger unserer Brüder,
¹¹ der sie vor unserem Gott Tag und Nacht verklagt. Sie haben ihn besiegt kraft des Blutes des Lammes und kraft des Wortes ihres Zeugnisses, und sie haben ihr Leben geringgeachtet bis zum Tod.
¹² Drum frohlocket, ihr Himmel und die darin wohnen. Wehe der Erde und dem Meer! Denn der Teufel ist zu euch hinabgestiegen mit grimmigem Zorn, weil er weiß, daß er (nur noch) kurze Zeit zur Verfügung hat.

Bild 27: Das Gefolge des Lammes Offb 14, 1—5

Unmittelbar nach der Schilderung Satans in Lammsgestalt zeigt der Seher das Lamm auf dem Berge Sion, das echte, das wahre Lamm Gottes: Christus. Ihm folgen die «Hundertvierundvierzigtausend», die ihm auf der Erde Gefolgschaft leisten und leisteten. Diese Zahl ergibt sich aus 12 mal 12 mal 1000, wobei «12» als Vollzahl der Erwählten (der Apostel), «1000» als eine unbestimmte Größe zu verstehen ist. Hundertvierundvierzigtausend bedeutet also die Vollzahl der Heiligen, nach deren Erreichung Gott die Wiederkunft seines Sohnes vorgesehen hat. Diese Auserwählten allein hören und verstehen das «neue Lied», das die Engel vor dem Throne, den vier Wesen und den Ältesten singen. Um was sonst kann es sich handeln als um das Lied von der «neuen Erde», die sich nun bald herniedersenken wird, nachdem die Gotteszahl der Heiligen erfüllt ist! Was ihnen die Gnade erwirkte, zu hören, was andere nicht hören können, stellen wir beim Betrachten des nächsten Bildes klar.
Hans Baum

Des Drachen Kampf gegen die Frau

13 Als der Drache sah, daß er auf die Erde herabgeworfen war, ver-
14 folgte er die Frau, die den Knaben geboren hatte. Der Frau wurden die zwei Flügel des großen Adlers gegeben, damit sie in die Wüste flöge an ihre Stätte, wo sie ernährt wird eine Zeit und zwei Zeiten und eine halbe Zeit, fern vom Angesicht der
15 Schlange. Die Schlange spie aus ihrem Rachen der Frau Wasser nach, einem Strome gleich, um sie durch den Strom fortzureißen.
16 Die Erde kam der Frau zu Hilfe und die Erde öffnete ihren Mund und verschlang den Strom, den der Drache aus seinem Rachen
17 geschleudert hatte. Und der Drache ergrimmte über die Frau und ging hin, Krieg zu führen mit den übrigen ihrer Nachkommenschaft, die die Gebote Gottes befolgen und das Zeugnis Jesu festhalten.

Das Tier aus dem Meere

Er stellte sich an den Strand des Meeres. Da sah ich aus dem
13.1 Meere ein Tier auftauchen, das hatte zehn Hörner und sieben Köpfe. Auf seinen Hörnern trug es zehn Diademe und auf seinen
2 Köpfen gotteslästerliche Namen. Und das Tier, das ich sah, glich einem Panther. Seine Füße waren wie Bärenfüße und sein Maul wie ein Löwenmaul. Der Drache übertrug ihm seine Macht und
3 seinen Thron und große Gewalt. Einen von den Köpfen (sah ich) zu Tode verwundet, aber seine Todeswunde wurde wieder
4 geheilt, und die ganze Welt sah dem Tier verwundert nach. Sie beteten den Drachen an, weil er dem Tier die Gewalt übertragen hatte, und sie beteten (auch) das Tier an, indem sie sprachen:
5 Wer ist dem Tiere gleich, und wer vermag mit ihm zu kämpfen? Ihm ward ein Maul gegeben, das hochtrabende Worte und Lästerungen ausstieß; und es ward ihm Macht gegeben, es zwei-

Bild 28: Die jungfräulichen Seelen Offb 14, 4—5

Das Wort, in den Wind gesprochen, wird zum Sturm werden! Das Bild mit dem reinen Lamm und den unschuldigen Kindern scheint nicht in diese Zeit zu passen. Und doch ist gerade das das richtige! Jesus sagt: «Wenn ihr nicht werdet wie die Kinder, werdet ihr nicht in das Himmelreich eingehen.» Kaum ein Wort des Herrn ist so aktuell wie dieses.
Dieses Bild ist die Friedensbotschaft inmitten des drohenden Gerichtes. Man möchte an Paul VI. im weißen Talar denken, wie er in New York zur UNO-Vollversammlung sprach. Nur der Glaube des Kindes wird bestehen. Israel hatte den Herrn verkannt und der angedrohte Untergang Jerusalems erfüllte sich im Verlauf einer Generation, im Jahre 70. Kommen einem, beim Anblick dieses Bildes, nicht die Unschuldigen Kinder von Bethlehem in den Sinn? Umsonst steht jenes Ereignis nicht in der Schrift.
Michael Prader

Die «Hundertvierundvierzigtausend», die dem Lamme folgen, werden als jungfräulich bezeichnet, weil sie sich «mit Weibern nicht befleckt haben». Da dem Gefolge des Lammes Männer und Frauen angehören, handelt es sich bei dieser «Befleckung mit Weibern» um einen bildlich gemeinten Hinweis. Dieser bedeutet Reinhaltung von der «Hure», der «großen Stadt», welche der «heiligen Stadt Jerusalem», der Kirche, feindlich gegenübersteht (siehe dazu Offb 17, 18) und keinen Raum bietet für die Wahrheit, die Liebe und die Gerechtigkeit.
Der Maler stellt die Jungfräulichkeit der «Hundertvierundvierzigtausend» am Beispiel der unschuldigen Kinder gleichnishaft heraus. *Hans Baum*

6 undvierzig Monate (so) zu treiben. Es tat das Maul auf zu Lästerungen gegen Gott, zu lästern seinen Namen und sein Zelt,
7 (nämlich) die im Himmel ihr Wohnzelt haben. Auch ward ihm gestattet, mit den Heiligen Krieg zu führen und sie zu besiegen, und es war ihm Macht gegeben über jeden Stamm, jedes Volk,
8 jede Sprache und Nation. Alle Erdbewohner werden es anbeten, nämlich jene, deren Namen seit Anbeginn nicht geschrieben steht im Lebensbuch des geschlachteten Lammes.
9 Wer ein Ohr hat, der höre. Wenn einer für die Gefangenschaft
10 (bestimmt ist), so geht er in die Gefangenschaft; wenn einer mit dem Schwert getötet werden soll, so muß er mit dem Schwert getötet werden. Hier braucht es die Geduld und den Glauben der Heiligen.

Das Tier aus dem Festland

11 Ich sah ein anderes Tier aus dem Lande aufsteigen; es hatte zwei
12 Hörner gleich dem Lamme und redete wie ein Drache. Es übt die Macht des ersten Tieres vor ihm aus und bringt die Erde und die Bewohner dazu, das erste Tier, dessen Todeswunde geheilt
13 wurde, anzubeten. Es wirkt große Zeichen, so daß es sogar Feuer
14 vom Himmel herabfallen läßt vor den Augen der Menschen. Und es verführt die Bewohner der Erde durch Zeichen, die vor den Augen des Tieres zu wirken ihm verliehen wurde; es fordert die Bewohner der Erde auf, ein Bild anzufertigen für das Tier, das die Schwertwunde trägt und (wieder) zum Leben kam. Auch
15 wurde dem Tiere Macht gegeben, dem Tierbild Leben zu ver-
16 leihen, so daß das Tierbild sprechen konnte. Es sorgte auch dafür, daß alle getötet wurden, die das Bild des Tieres nicht anbeten wollten. Es bringt es fertig, daß alle, die Kleinen und die Großen, die Reichen und die Armen, die Freien und die Sklaven,
17 sich ein Malzeichen auf ihrer Hand oder auf ihrer Stirn anbringen und daß niemand kaufen oder verkaufen kann, wenn er nicht das Malzeichen trägt, den Namen des Tieres oder die Zahl seines
18 Namens. Hier braucht es Weisheit. Wer Verstand hat, berechne die Zahl des Tieres. Sie ist die Zahl eines Menschen. Seine Zahl ist 666.

Bild 29: Engel des Gerichtes Offb 14, 9—11

Dieses Bild, das einen krassen Gegensatz zum vorhergehenden darstellt, ist die Antwort der Gerechtigkeit. Das unschuldig vergossene Blut schreit nach Rache, der luziferische Stolz und die teuflische Bosheit provozieren das Gericht. So wird das Gericht trennen zwischen denen, die das Tier anbeten und jenen, welche dem Lamme anhangen. Michael Prader

Die von Gott festgelegte Zahl der «Auserwählten» ist erreicht, damit zugleich auch das Ziel der Heilsgeschichte und der Geschichte überhaupt. Die ersten einleitenden Maßnahmen zum Endgericht werden getroffen. Drei Engel kündigen fürs erste die Zerstörung der antichristlichen Welt an. Der erste Engel verkündet den Menschen die Freudenbotschaft vom bevorstehenden Endgericht, der zweite den Untergang von «Babylon», also der anti- und nichtchristlich ausgerichteten Lehren und Kulturen, der dritte den Zorn und die Strafe Gottes, die jene treffen werden, welche die unbegrenzte Macht und Gewalt angebetet haben. Diesen Engel mit dem «Becher des Zornes» zeigt das nebenstehende Bild.
Unmittelbar darnach wird denen, die standhaft geblieben waren, der Lohn der ewigen Seligkeit verheißen. Hans Baum

Die endzeitliche Entscheidung fällt nicht zwischen diesem Tier und jenem; nicht zwischen West und Ost; sie fällt nicht zwischen einem sogenannten «christlichen» Tier und einem «antichristlichen». Vor Gottes Antlitz weicht alles Böse und mit diesem alle diejenigen Unterscheidungen, die der Geist der Zwietracht unter seinen Anbetern aufrichtet. Die endzeitliche Entscheidung fällt zwischen «dem» Tiere und dem Lamme in der Höhe; in einer Unterscheidung, die Gott selbst unveränderlich gezogen hat (Offb 14; Offb 19).

Statt Gott beten die Menschen das Tier und dessen Geist, den Drachen, an, indem sie nicht auf die Macht Gottes, sondern auf die Schlagkraft ihrer Waffen bauen: «Die ganze Welt folgte dem Tiere voll Bewunderung und betete den Drachen an, weil er dem Tiere die Gewalt übertragen hatte. Sie betete das Tier an und sagte: 'Wer ist dem Tiere gleich, wer vermag mit ihm zu streiten'» (Offb 13/4).

Freilich kann man sagen — vielen klingt es vernünftig —, daß dem Antichristen mit allen zur Verfügung stehenden Mitteln begegnet werden müsse; auch die nuklearen Waffen seien von Gott in unsere Hände gegeben, um die Verkündigung Seiner Offenbarung zu sichern. Aber über allem menschlichen Argumentieren steht die Offenbarung des Geheimen Ratschlusses Gottes. Wenn die Zeit des 7. Siegels offenkundig ist, versinkt alles Theologisieren in Bedeutungslosigkeit vor dem bedingungslosen Gehorsam gegenüber dem Worte Gottes. Jeder, der dann noch zur Anbetung der Tiere verleitet oder diesen dient, demaskiert sich damit als verworfener Verführer; wer immer es auch sein mag und kraft welcher Autorität er auch immer zu sprechen vorgibt. Wenn diese beiden Tiere auftreten, bleibt uns nichts als das Bemühen, den Versuchungen standzuhalten, die von diesen beiden Tieren ausgehen (Offb 14/11). Die angekündigten Versuchungen sind ebenso verschieden, wie die beiden Tiere selbst verschieden sind:

Hinsichtlich des Tieres aus dem Festland, dessen Macht auf eine Ideologie gegründet ist, verurteilt es Gott, dessen Organisation im Handeln (rechte Hand) oder Denken (Stirn) beizutreten; etwa um dessen Zwangsmaßnahmen gegen Nichtgenossen zu entgehen: «Keiner sollte kaufen oder verkaufen können, der nicht das Zeichen trug» (Offb 13/17). Dagegen gerade hinsichtlich des Tieres aus dem Meere verurteilt es Gott, mit seinen Anliegen auf dessen Streitkräfte zu bauen und sich durch dessen hochtrabende Reden zur Anteilnahme bringen zu lassen: «Wer Ohren hat, der höre. Wer andere in Gefangenschaft führt, soll selbst in Gefangenschaft wandern. Wer andere mit dem Schwerte tötet, soll selbst mit dem Schwerte getötet werden. Da heißt es für die Heiligen Standhaftigkeit und Glaube» (Offb 13/9—10). Diese Rede folgt dabei unmittelbar dem Hinweis auf das «Lamm, das geopfert ist» — und ist auch die genaue Rede Christi bei Seiner Gefangennahme: «Stecke dein Schwert in die Scheide. Alle, die zum Schwerte greifen, kommen durch das Schwert um» (Mt 26/52). Und in welcher Zeit sollte diese Rede je mehr Sinn haben als in der Endzeit; bei der Gefangennahme aller, die Christus nachfolgen?

Eine ganz andere Frage ist es dabei freilich, ob die Kirche in der Endzeit nicht trotzdem und vielleicht erst recht um die geistige Betreuung der Angehörigen dieser Tiermächte bemüht sein muß. Den Menschen darf die Kirche wohl helfen, aber dabei diesen Mächten nicht dienen; sich nicht an deren Organisationen beteiligen und nicht moralisch Schützenhilfe leisten. Wenn Gott in der Endzeit diese Möglichkeit der Hilfeleistung überhaupt noch zuläßt, wenn die Besiegelung eben noch nicht abgeschlossen ist, dann ist dies eine Aufgabe, die übermenschlicher Hilfe bedarf.

Bild 30: Christus mit Sichel Offb 14, 14—16

Die Stunde der Ernte ist gekommen und niemand wird sie aufhalten können. Der Herr hat es gesagt: Der Weizen wird vom Unkraut getrennt werden. Die Scheidung wird kommen, ja sie ist schon da. Wir leben schon im Gericht. Gerechtigkeit und Liebe werden das Urteil festlegen. Es wird ähnlich sein wie auf Kalvaria: Der rechte Schächer findet heim ins Paradies, der linke erstickt in seiner Lästerung. Mächtig ist die Gestalt mit der Sichel, unwiderstehlich ihre Wucht. Wer sich zur rechten Zeit der Gerechtigkeit Gottes stellt, fällt in die Arme seiner Liebe.
  Michael Prader

Von Kapitel 14 an wird fortlaufend geschildert, wie sich die oben angekündigte erste Stufe des Endgerichts abspielen wird. Zum Zeichen dafür, daß das Gericht in die Hand Christi gelegt ist, überbringt ihm ein «Engel aus dem Tempel» die «scharfe Sichel», um damit das Böse von der Erde abzuernten.
  Hans Baum

Das Lamm und sein Gefolge

14.¹ Ich schaute, und siehe da, das Lamm stand auf dem Berge Sion und mit ihm Hundertvierundvierzigtausend, die seinen Namen und den Namen seines Vaters auf ihrer Stirne geschrieben tru-
² gen. Und ich hörte eine Stimme aus dem Himmel wie das Rauschen vieler Wasser und wie das Rollen eines starken Donners; und der Klang, den ich hörte, war wie von Harfenspielern,
³ die auf ihren Harfen spielen. Sie sangen ein neues Lied vor dem Throne und vor den vier lebenden Wesen und den Ältesten, und niemand konnte das Lied lernen als nur die Hundertvierundvierzigtausend, die von der Erde losgekauft sind.
⁴ Diese sind es, die sich mit Weibern nicht befleckt haben; denn sie sind jungfräulich; diese sind es, die das Lamm begleiten, wohin es auch geht. Diese sind aus den Menschen erkauft als Erstlingsgabe für Gott und das Lamm.
⁵ In ihrem Munde wird keine Lüge erfunden; sie sind ohne Makel.

Die drei Gerichtsengel

⁶ Ich sah einen andern Engel hoch im Himmelsraum fliegen; der hatte eine ewige Heilsbotschaft an die Bewohner der Erde und an alle Nationen und Stämme und Völker und Sprachen zu ver-
⁷ künden. Er rief mit mächtiger Stimme: Fürchtet Gott und gebt ihm die Ehre, denn die Stunde seines Gerichtes ist gekommen, und betet den an, der Himmel und Erde, Meer und Wasser-
⁸ quellen geschaffen hat. Und es folgte ein anderer, ein zweiter Engel, der sprach: Gefallen, gefallen ist das große Babylon, das
⁹ mit dem Zornwein der Buhlerei alle Völker berauscht hat. Und ein anderer, ein dritter Engel folgte ihnen und rief mit mächtiger Stimme: Wenn jemand das Bild und das Tier anbetet und das
¹⁰ Malzeichen auf seiner Stirne oder seiner Hand annimmt, so soll er auch trinken vom Zornwein Gottes, der ungemischt ausgeschenkt wird im Becher seines Zornes, und er soll gepeinigt werden mit Feuer und Schwefel vor den heiligen Engeln und vor
¹¹ dem Lamm. Der Rauch ihrer Qualen steigt auf in alle Ewigkeit und bei Tag und Nacht haben keine Ruhe, die das Tier und das Bild anbeten, und wer das Malzeichen seines Namens annimmt.
¹² Hier ist Geduld und Ausdauer der Heiligen erfordert, welche die
¹³ Gebote Gottes halten und den Glauben an Jesus bewahren. Und ich hörte eine Stimme aus dem Himmel sagen: Schreibe: Selig schon jetzt die Toten, die im Herrn sterben. Fürwahr, spricht der Geist, sie sollen ausruhen von ihren Mühen; denn ihre Werke begleiten sie.

Bild 31: Blut bis an die Zügel Offb 14, 20

Ein Engel, dem ebenfalls eine Sichel in die Hand gegeben ist, schneidet die «Trauben vom Weinstock der Erde», dem dämonischen Gegenstück zum Weinstock Christi. Die Trauben werden in die Kelter geworfen, um Blut aus ihnen zu pressen. Es ist viel Blut, das aus der Kelter fließen und reichen wird «bis an die Zügel der Rosse».
Hans Baum

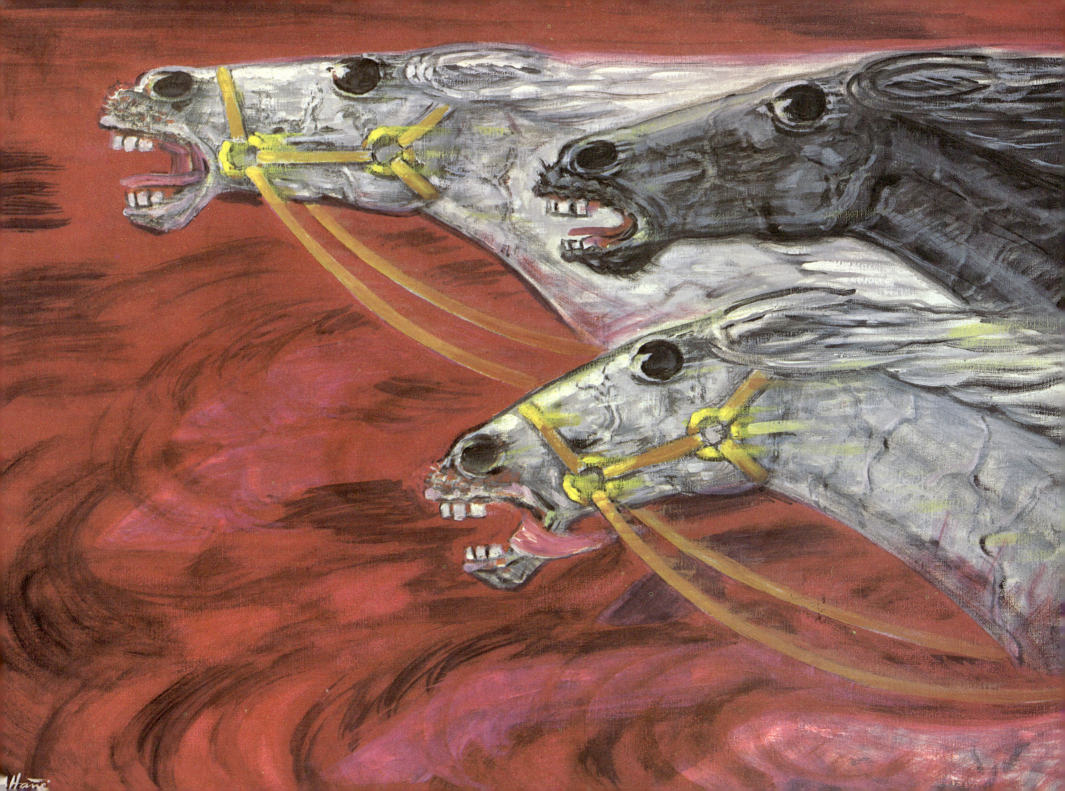

Die drei Ernteengel

14 Ich schaute hin und siehe, eine Wolke, und auf der Wolke sah ich einen sitzen, der einem Menschensohn glich; er hatte auf seinem Haupte einen goldenen Kranz und in seiner Hand eine scharfe 15 Sichel. Ein anderer Engel trat aus dem Tempel heraus und rief mit mächtiger Stimme dem zu, der auf der Wolke saß: Lege deine Sichel an und ernte. Denn die Erntestunde ist da, weil die 16 Ernte der Erde dürr geworden ist. Und der auf der Wolke saß, schwang eine Sichel über die Erde hin, und die Erde wurde 17 abgeerntet. — Ein anderer Engel trat aus dem Tempel, der im 18 Himmel ist und auch er trug eine scharfe Sichel. Und noch ein Engel kam vom Altare her; der hatte Macht über das Feuer, und er rief mit mächtiger Stimme dem zu, der die scharfe Sichel trug: Lege deine scharfe Sichel an und schneide die Trauben vom 19 Weinstock der Erde; denn seine Beeren sind reif. Da schwang der Engel seine Sichel über die Erde hin, schnitt die Trauben vom Weinstock ab und warf sie in die große Zornkelter Gottes. 20 Die Kelter wurde außerhalb der Stadt getreten, und das Blut floß aus der Kelter bis an die Zügel der Rosse hinauf, tausendsechshundert Stadien weit.

Die sieben Schalenengel

15.1 Da sah ich ein anderes Zeichen am Himmel, groß und wunderbar: Sieben Engel haben sieben Plagen, und zwar die letzten; 2 denn in ihnen hat sich der Zorn Gottes vollendet. Und ich sah (etwas) wie ein gläsernes Meer, mit Feuer vermischt, und die Sieger über das Tier und über sein Bild und über die Zahl seines Namens standen auf dem gläsernen Meer mit Harfen Gottes. 3 Und sie sangen das Lied des Moses, des Knechtes Gottes, und das Lied des Lammes mit den Worten: Groß und wunderbar sind 4 deine Werke, Herr Gott, Allherrscher! Gerecht und wahrhaft sind deine Wege, König der Völker. Wer sollte, Herr, deinen Namen nicht fürchten und lobpreisen? Denn du allein bist heilig. Alle Völker kommen, dich anzubeten; denn deine gerechten Ge- 5 richte sind offenbar geworden. Hernach sah ich, und es öffnete 6 sich im Himmel der Tempel des Bundeszeltes. Und es traten die sieben Engel, die die sieben Plagen hatten, aus dem Tempel heraus, in reines, glänzendes Linnen gekleidet und um die Brust 7 gegürtet mit goldenen Gürteln. Und eines von den vier lebenden Wesen gab den sieben Engeln sieben goldene Schalen, voll vom 8 Zorn Gottes, der da lebt in alle Ewigkeit. Da ward der Tempel voll Rauch von Gottes Herrlichkeit und Macht. Niemand konnte in den Tempel eintreten, bis die sieben Plagen vollzogen waren.

Bild 32: Zornschalen-Engel 16,1—2

Wer sich die Zeit nimmt, die Heilige Schrift zu lesen und wer um die Furchtbarkeit der ewigen Verdammnis weiß, der kann verstehen, warum der Künstler die Zornschalenengel die Augen verhüllen läßt. Das ist rein menschlich gedacht. Der Engel steht im Dienste des Richters und dieser rächt die Liebe Gottes, die man verachtet hat. Der Engel wird in Wahrheit sein Angesicht nicht verhüllen, sondern wachen Auges seinen Dienst versehen. Der Drache rüstet alles zum letzten Kampf, koste es, was es wolle. Die

Menschen mit ihrer Technik werden die Knechte der Zerstörungsgewalten der Hölle sein — blinde Werkzeuge des Gerichtes, das sie in ihrer Bosheit und Gottlosigkeit vorbereiten halfen. Die Verhärtung der Herzen wird dazu führen, dass die Menschen weiter trotzen werden und so werden die Voraussagen der Schrift in Erfüllung gehen, so wie der Herr am Kreuze die ganze Schrift an sich erfüllen liess, ohne etwas zu vergessen von dem, was geschrieben steht.
Michael Prader

Der Zorn Gottes ist nicht als Gefühlsaufwallung, sondern als das Wirksamwerden der Gerechtigkeit zu verstehen, die erst dann einsetzt, wenn die Liebe Gottes am freien Willen der Menschen gescheitert ist.
Sieben Engel gießen die Schalen des Zornes Gottes über die Erde aus. Sie tun es gewissermaßen mit verhüllten Augen; denn wo Recht und Gerechtigkeit walten, müssen sie ohne Ansehung der Person der Betroffenen gehandhabt werden.
Hans Baum

Während die Posaunen die Sofortwirkungen und taktischen Operationen darstellen, zeigen die Schalen — streng zugeordnet — die langdauernden Nachwirkungen der strategischen Maßnahmen. Dabei wird mit den 6 ersten Posaunen noch nicht ausdrücklich die Vernichtung von Städten angekündigt, wohl aber mit der 7. Posaune, welche die 7 Schalen enthält. Insbesondere mit der 7. Schale (Offb 16/17—21) tritt eine Vernichtung der Städte der Erde vor unsere Augen. Man gewinnt den Eindruck von zwei Phasen des Krieges: Im Rahmen der Posaunen erfolgen Kriegshandlungen, die wenigstens nicht auf den direkten nuklearen Beschuß der Großstädte abgestellt sind, wenngleich auch diese Schläge mit ihren Sofort- und Nachwirkungen bereits Massentod zur Folge haben; wenigstens so weit scheint noch die Vernunft in der Überlegung zu walten, daß die physische Zerschmetterung der gegnerischen Großstädte die gleiche Vernichtung der eigenen Städte zur Folge hat. Jedoch im Rahmen der Schalen erfolgt ein Vernichtungskrieg, der in einem maßlosen Haßausbruch die planmäßige Ausrottung der gegnerischen Bevölkerung verfolgt. Zwischen diese beiden Phasen tritt der mächtige Engel (Offb 10/1—4) mit dem offenen Büchlein, der eben die 7. Posaune (mit den 7 Schalen) ankündigt (Offb 10/5—7).

Sieben Siegel, sieben Posaunen, sieben Schalen. Die Geheime Offenbarung besteht aus sieben Siegeln, die die gesamte Geschichte umfassen: Die ersten 6 Siegel davon enthalten die allgemeine Vorgeschichte bis heute; das 7. Siegel besteht aus den sieben Posaunen, die die gesamte Endgeschichte umfassen: Die ersten 6 Posaunen davon enthalten die Einleitung der Endgeschichte; die 7. Posaune besteht wiederum aus den sieben Schalen, die die gesamte Erfüllung der Endgeschichte umfassen: Die ersten 6 Schalen davon enthalten die Einleitung des Schlußaktes; die 7. Schale ist dieser Schlußakt in der Vollendung des Gerichts über die Welt und die abgefallene Menschheit.

Die von den Mächten der Erde vorbereiteten, beabsichtigten oder in Kauf genommenen Geschehnisse stellen somit eine dreifache Staffelung auf der Basis 7 dar; genau ausgedrückt durch die Zahl 666, worin der 7. «Hunderter» (7. Siegel) von der Zahl 66 und hierin wiederum der 7. «Zehner» (7. Posaune) von der Zahl 6 gebildet wird. Durch diese Geschehensstaffel wird mit der 7. Schale ein der menschlichen Kontrolle entglittenes, unabwendbares Geschehen herbeigeführt, das den endgültigen Untergang des Menschengeschlechtes bedeutet; vor allem durch die Radioverseuchung der Atmosphäre.

Mächtig — wie in den drei aufeinanderstehenden, sich verjüngenden Triebwerkstufen einer Langstreckenrakete mit dem todbringenden Geschoß im Kopf der 3. Stufe — strebt das gottlose, verbrecherische Treiben der Menschen, strebt die Weltgeschichte auf das Gericht hin.

Bild 33: *Die vier ersten Zornschalen Offb 16, 3—10*

Zunächst werden die Elemente und die Gestirne in den Dienst des göttlichen Strafvollzuges gestellt. Bemerkenswert ist, daß auch die Sonne daran teilnimmt. Fatima machte dies ebenfalls nachhaltig deutlich, und neuere Bekundungen der Geophysik lassen kaum noch einen Zweifel darüber, daß die Erde bereits besonderen Einwirkungen von Naturkräften ausgesetzt ist, die ihren Ausgang von der Sonne nehmen. Man wird bald mehr vom Tun des vierten Engels hören und verspüren.

Hans Baum

Die Plagen der vier ersten Schalen

16.¹ Ich hörte eine mächtige Stimme aus dem Tempel den sieben Engeln zurufen: Geht hin und gießt die sieben Schalen des Zornes ² Gottes auf die Erde aus. Und der erste ging hin und goß seine Schale auf die Erde aus; da entstand ein böses und schlimmes Geschwür an den Menschen, die das Malzeichen des Tieres ³ trugen und sein Bild anbeteten. Der zweite goß seine Schale auf das Meer aus, und es ward wie Totenblut, und es starb jedes ⁴ Lebewesen im Meer. Der dritte goß seine Schale auf die Flüsse ⁵ und Wasserquellen aus, und sie wurden wie Blut. Und ich hörte den Wasserengel sprechen: Gerecht bist du, der da ist und war, ⁶ du Heiliger, der du also gerichtet hast. Da sie das Blut der Heiligen vergossen haben, gibst auch du ihnen Blut zu trinken; ⁷ so haben sie es verdient. Ich hörte den Altar sprechen: Fürwahr, Herr Gott, Allherrscher, wahrhaft und gerecht sind deine Ge⁸richte. Und der vierte goß seine Schale auf die Sonne aus. Da ward ihr Kraft verliehen, die Menschen mit Feuer zu versengen. ⁹ Und die Menschen wurden von großer Glut versengt, und sie lästerten den Namen Gottes, der die Macht über diese Plagen ¹⁰ hat. Aber sie bekehrten sich nicht dazu, ihm die Ehre zu geben.

Diese erste Schale weist gegenüber der ersten Posaune äußerlich so starke Unterschiede auf, daß der Nicht-nuklearwissenschaftler die ursächliche und sehr charakteristische Zusammengehörigkeit nicht zu erkennen vermochte. Mit dem ersten Posaunenstoß wurde «Feuer mit Blut» vermischt auf die Erde geworfen, so daß alles grüne Gras, aber nur ein Drittel der Bäume verbrannte. Bei Betrachtung der ersten Posaune wurde schon darauf hingewiesen, daß über das Blut als Zwischenträger Radioisotope von den Organen selektiv absorbiert werden und zu Krebswucherungen Anlaß geben. Darüber hinaus ist aber auch noch eine viel problematischere Krebserregung zu erwarten (vor allem über Lunge und Verdauungskanal), die nicht über das Blut vermittelt wird. Dieser liegt das Phänomen der «heißen Körnchen» zugrunde.

Diese heißen Körnchen sind schon aus den bisherigen nuklearen Experimentaldetonationen so häufig, daß jeder Mensch und jeder Lungenatmer auf der ganzen Erde im Durchschnitt rund alle Monate ein solches Körnchen einatmet, wovon im Durchschnitt etwa jedes Jahr eines in der Lunge hängenbleibt. Dauernd umliegende Körperzellen erhalten schon durch ein einziges solches heißes Körnchen bei Einlagerung in das Körpergewebe eine Strahlenbelastung, die nach Ansicht der meisten Krebsforscher sonst in der Regel Krebs erzeugt.

Während mit dem zweiten Posaunenstoß ein Drittel der Meeresgeschöpfe dahinstarb, finden jetzt mit der zweiten Schale alle den Tod. Während mit dem dritten Posaunenstoß die Flüsse und Wasserquellen «bitter» wurden, werden sie jetzt mit der dritten Schale zu Blut. Wenn man das «Bitterwerden» als immer noch beschränkte Genießbarkeit betrachtet, bedeutet das «Blutwerden» vollständige Ungenießbarkeit. Der Stoffwechsel zwischen dem Blut des Organismus und derart mit Radioisotopen verseuchtem Wasser läßt eine tödliche Strahlenbelastung erwarten.

Bild 34: Blut statt Wasser Offb 16, 5—6

«Da sie das Blut der Heiligen vergossen haben, gibst auch du ihnen Blut zu trinken», spricht der Wasserengel aus Offb 16, 5—6.
Die Drohung knüpft an die ägyptische Flußplage (Ex 7, 17—21) an, von der Naturwissenschaftler behaupten, es hätte sich damals um eine kosmisch verursachte Rotfärbung und Verseuchung des Wassers gehandelt. Es wäre möglich, daß Gott Derartiges auch für die Endzeit beabsichtigt; denn er ist der Herr über die Natur, damals wie heute und wie für die ganze Dauer ihres Bestehens.
                                                                                    Hans Baum

Äußerlich betrachtet scheint die vierte Schale geradezu einen Gegensatz zur vierten Posaune darzustellen, bei welcher eine Verdunkelung der Sonne angekündigt worden war. Jedoch bringen nukleare Detonationen in der Atmosphäre von solchem Umfang, daß als Sofortwirkung eine merkliche Verringerung der Sonneneinstrahlung eintritt, auch große Mengen feinster Teilchen und starke Radioaktivität in der Luft. Während dabei die die Sonneneinstrahlung verringernden groben Staubteilchen sich schon verhältnismäßig bald wieder niedergeschlagen haben, verbleiben die feinen Teilchen und die Radioaktivität noch lange Zeit danach und bis in die Stratosphäre schwebend. Diese feinen Teilchen und diese Luftradioaktivität lassen für später hinaus Wetterverschiebungen und Hitzewellen erwarten.

Das Wetter ist ein auf Reize außerordentlich empfindlich reagierendes Gleichgewicht mit einander fortgesetzt folgenden labilen und stabilen Zuständen. Das Wetter ist deshalb «steuerbar». Eine weniger gereizte Atmosphäre ergibt deshalb eine überall ausgeglichenere Witterung und eine gleichmäßigere Verteilung des Regens über die Länder. Eine stark gereizte Atmosphäre führt dagegen zu einer stürmischen, sintflutartigen Ausregnung dieser gegebenen Luftfeuchtigkeit schon in den meeresnahen Randbezirken (etwa schon bei der erstmaligen, schwachen Taupunktunterschreitung), so daß sie die Länder weiter innen gar nicht erreicht.

Ein nuklearer Krieg würde in jedem Fall extrem starke Reizungen der Atmosphäre der Erde erwarten lassen; mit Stürmen und Überschwemmungskatastrophen in Meeresnähe und mit verheerenden Hitze- und Dürrejahren im Landesinnern. Daher: «Es wird unter den Völkern angstvolle Verzweiflung herrschen beim Brausen und Branden des Meeres» (Lk 21/25); zugleich: «Die Menschen werden von großer Glut (der Sonnenstrahlung) versengt (Offb 16/9).

Die drei letzten Schalen

11 Und der fünfte Engel goß seine Schale auf den Thron des Tieres aus. Da wurde dessen Reich verdunkelt, und sie zerbissen sich vor Schmerz die Zunge. Sie lästerten den Gott des Himmels ob ihrer Peinen und ob ihrer Geschwüre, aber sie bekehrten sich 12 nicht von ihren Werken. Der sechste Engel goß seine Schale aus über den großen Euphratstrom. Da vertrockneten dessen Wasser, damit der Weg bereitet würde für die Könige vom Sonnen-

Bild 35: Sechster Zornschalen-Engel Offb 16,12

Dieses Bild ist ein besonderer Fingerzeig gerade für unsere Tage. Die mutwilligen Eingriffe in die Schöpfungsordnung durch Pille, Sterilisation und Abtreibung der Leibesfrucht machen sich in der Zerstörung der Familie und in einem erschreckenden Geburtenrückgang bemerkbar. Der Lebensstrom vertrocknet, die Wiegen und die Schulhäuser leeren sich, Völker vergreisen. Lebenskeime werden vergiftet und das unschuldige Blut der gemordeten Kinder schreit zum Himmel. Diesem biologischen Niedergang entspricht die geistige Unfruchtbarkeit. So werden die Völker widerstandslos gegen die Könige des Ostens.
                        Michael Prader

Der sechste Engel bringt durch das Ausgießen seiner Zornschale die lebenspendenden Wasser des «großen Euphratstromes» zum Versiegen, so daß im Westen das Leben erlischt, die Wiegen leer werden und der Weg zum Kriegszug der «Könige des Ostens» frei wird. Sie werden bei ihrem Vorhaben ungewollt von den «drei Fröschen» unterstützt (siehe folgendes Bild).
                        Hans Baum

13 aufgang her. Und ich sah aus dem Maul des Drachen und aus dem Maul des Tieres und aus dem Maul des Lügenpropheten
14 drei unreine Geister wie Frösche (hervorgehen). Das sind nämlich die Dämonengeister, die Wunderzeichen wirken, die ausziehen zu den Königen der ganzen Welt, um sie zum Krieg zu
15 sammeln für den großen Tag Gottes, des Allherschers. Siehe,
16 ich komme wie ein Dieb. Selig, wer wacht und seine Kleider anbehält, daß er nicht nackt wandelt und daß man seine Blöße nicht sieht. Und sie versammelten sie an dem Ort, der auf hebräisch Harmagedon heißt.
17 Der siebte (Engel) goß seine Schale in die Luft aus. Da kam eine mächtige Stimme aus dem Himmel vom Throne her, die rief: Es ist geschehen.
18 Und es entstanden Blitze, Getöse und Donnerschläge, und es entstand ein großes Erdbeben, wie (noch) keines gewesen war, seit es Menschen auf Erden gibt, ein solches Erdbeben, so groß!
19 Die große Stadt fiel in drei Teile auseinander, und die Städte der Heiden stürzten ein. (So) wurde des großen Babylon vor Gott gedacht, um ihm den
20 Becher des Glutweins seines Zorns zu reichen. Und alle Inseln
21 verschwanden und die Berge waren nicht mehr zu finden. Und ein gewaltiger Hagel, wie zentnerschwer, ging vom Himmel auf die Erde nieder. Die Menschen aber lästerten Gott wegen der Hagelplage, weil diese Plage über die Maßen groß war.

Die fünfte Schale beschreibt die Auswirkungen der strategischen Luftkriegführung gegen die Stäbe, vielleicht auch Regierungssitze und Städte; Beschuß mit Raketen von interkontinentalen Abschußbasen oder von Trägerflugzeugen.

Die sechste Schale bezeichnet den verlängerten Arm der modernen Landkriegführung, deren militärischer Verlauf mit der sechsten Posaune angekündigt war. Es ist eine Besonderheit der modernen Zeit, daß die Besetzung von Ländern, die Besitzergreifung von Regierungsgewalten und die Dienstbar-

Bild 36: Die drei Frösche Offb 16,13—21

Bei den «drei Fröschen» handelt es sich um drei dämonisch bedrängte Machtträger, die ihre Kraft überschätzen und es mit der ganzen Welt aufzunehmen versuchen. Aber der Sieg bleibt ihnen versagt. Statt dessen bringen sie die Könige dazu, sich zum Entscheidungskampf um die Alleinherrschaft über die Welt «zu sammeln». Für den «König» des Ostens wäre der Weg nach dem Westen frei, wenn von dort kein Widerstand zu befürchten wäre. So versammeln sie sich am Berge «Harmagedon», dem biblischen Ort des Unheils, des Bösen, des Unglücks und des Unfriedens. Der Berg liegt bei Megiddo, südwestlich vom See Genesareth. Der Wahl dieses Ortes kommt nur symbolische Bedeutung zu, das «Harmagedon» unserer Tage liegt vermutlich östlich der Ostgrenze Westdeutschlands.

Wer die Apokalypse ab Offb 16,13 aufmerksam liest, wird feststellen, daß die Rolle der «drei Frösche» voll mit dem übereinstimmt, was die drei Alleinherrscher Hitler, Mussolini und Hideki Tojo aufzuweisen hatten, als sie den Zweiten Weltkrieg verloren hatten: Die Aufteilung der Weltherrschaft unter den Supermächten USA und Sowjetrußland, denen sich Rotchina als dritte hinzugesellt.

Diese geradezu gespenstische Übereinstimmung von prophetischer Ankündigung und Gegenwartsgeschehen wird unterstrichen durch Offb 16,15 mit den Worten: «Siehe ich komme wie ein Dieb. Selig, der wacht und seine Kleider anbehält, daß er nicht nackt wandelt und daß man seine Blöße nicht sieht.»

Es ist zu befürchten, daß man bald viele «nackt» wandeln sieht, deren Aufgabe es sein müßte, zu wachen und auch im Schlaf die Kleider nicht abzulegen. Daß es im Gegenwartsgeschehen seit Hitler haargenau nach den Endzeitberichten ab Offb 16,13 gegangen ist und deshalb auch weitergehen wird, merken heute viele. Bild 36 zeigt die «drei Frösche», wie sie, vom Dämon verfolgt, ratlos durch ihr Werk der Zerstörung hüpfen. Schon kündigt sich der siebte Engel mit Erdbeben und Hagelschlag an, ohne daß man auf die vorausgegangenen mahnenden Rufe aus Offb 16,15 gehört hätte.

Hans Baum

machung von Völkern langfristig propagandistisch vorbereitet wird; durch Schwächung des ordnungserhaltenden religiösen und sittlichen Wertempfindens, durch Untergrabung des Wehrwillens und durch ideologische Hetze und Verführung. Geschulte Agenten, zersetzende Geister gehen aus, um die neutralen Regierungen und Völker mit lockendem Lebensstandard und einschüchternden Machtdemonstrationen zu gewinnen: als Verehrer und Anbeter des Lebensstils und der Staatsideologie, als politisch-abhängige Bundesgenossen und schließlich als militärische Satelliten mit Truppenkontingenten, Stützpunkten und Aufmarschgebieten.

Die 7. Schale bringt mit einem unvorstellbaren Schlußakt das Ende der Weltgeschichte (Offb 16/17—21). Das Ende des Geschehens auf Erden wird unmittelbar aus der Nähe Gottes laut angekündigt:
Dieser Schlußakt setzt nicht etwa zeitlich erst ein, nachdem die anderen Schalen und Posaunen beendet sind. Sondern er wächst aus diesen heraus und steigert sich zu ganz unvorstellbarem Toben. Blitze, Donnerrollen und Donnerschläge, Erdbeben und Hagelschlag werden angekündigt, die für keine andere Schale und keine andere Posaune angekündigt worden waren. Zugleich weist aber die ganze Geschichte auf diesen Schlußakt der 7. Schale hin: Mit dem 7. Posaunenstoß wird schon darauf hingedeutet (Offb 11/19). Auch schon mit Öffnung des 7. Siegels wird darauf hingewiesen (Offb 8/5). Eine überwältigend konsequente Ausrichtung des Geschehens wird dadurch offenkundig; genau wie die Zündung einer jeden neuen Stufe einer Langstreckenrakete auf die Erfüllung der Geschoßfunktion hinzielt.
Überstehen Horden von Menschen, die sich offen gegen Gott empören, diesen Schlußakt? Ist diese also gar kein Schlußakt? — Bei allen Arten von Kriegführung und allen Arten von Naturkatastrophen könnte man dies durchaus folgern; nicht aber bei einer weltweiten radioaktiven Verseuchung der Atmosphäre. Der siebte Engel goß ja seine Schale in die Luft (!) aus (Offb 16/17). Immer, immer und immer wieder weisen die Strahlenschutzphysiker auf die Radioisotope langer physikalischer und biologischer Halbwertzeit hin, die mit nuklearen Detonationen in die Atmosphäre gelangen und sich dort über Jahre schwebend erhalten. Kennzeichnend für diese sich überallhin verbreitende Radioaktivität ist deren mehrfache Integralwirkung über die Zeit: Nach Verstummen des Donnerrollens während der dann nachfolgenden Monate, Jahre und Jahrzehnte rafft sie die letzten Milliarden, die letzten Millionen, die letzten Tausende dahin: Das Ende der Geschichte!

Bild 37: Erdbeben und Hagelschlag Offb 16, 17—21

Während die «Könige des Ostens» denen «des Westens» bei «Harmagedon» gegenüberstehen, gießt der siebte Engel «seine Schale über die Luft hin». Was bereits in Offb 11, 13 und 19 angekündigt worden war, wird nun Wirklichkeit: Die beiden Endkatastrophen «Hagelschlag» und «großes Beben». Daß die als endzeitliche Naturkatastrophe gekennzeichnete Hagelplage, die ebenso als ungewöhnliches Auftreten von Hagel wie von Meteoren verstanden werden kann, nicht ausreichen wird, den Großteil der Menschen vom bevorstehenden Ende zu überzeugen, bestätigt Offb 16, 21 mit den Worten: «Die Menschen aber lästerten Gott wegen der Hagelplage, weil die Plage über die Maßen groß war.»
Erst das «große Beben» mit seinen «siebentausend», das heißt unzählig vielen Toten bringt die Apokalypse zu der Feststellung: «... die übrigen gerieten in Furcht und gaben dem Gott des Himmels die Ehre.»
Hans Baum

Die große Buhlerin Babylon

17. ¹ Da kam einer von den sieben Engeln, die die sieben Schalen hatten, und redete mit mir also: Komm, ich will dir das Gericht über die große Buhlerin zeigen, die auch an vielen Wassern sitzt. ² Mit ihr haben die Könige der Erde Unzucht getrieben, und die Bewohner der Erde sind vom Wein ihrer Unzucht trunken geworden. ³ Und er entrückte mich im Geiste in eine Wüste. Und ich sah ein Weib auf einem scharlachroten Tiere sitzen, das voll gotteslästerlicher Namen war und sieben Köpfe und zehn Hörner hatte. ⁴ Das Weib war in Purpur und Scharlach gehüllt und überladen mit Gold, Edelsteinen und Perlen; es hielt einen goldenen Becher in der Hand, voll von Greueln und dem Schmutz seiner Unzucht. ⁵ Und auf seiner Stirn stand ein Name geschrieben, ein Geheimnis: Babylon, das große, die Mutter der Huren und der Greuel der Erde. ⁶ Und ich sah das Weib trunken vom Blut der Heiligen und vom Blut der Zeugen Jesu; und mein Staunen bei seinem Anblick war groß. ⁷ Da sprach der Engel zu mir: Warum bist du erstaunt? Ich will dir Aufschluß geben über das Geheimnis des Weibes und des Tieres, das es trägt, das die sieben Köpfe und die zehn Hörner hat. ⁸ Das Tier, das du gesehen hast, war und ist nicht und wird aus dem Abgrund steigen und geht ins Verderben; und staunen werden die Bewohner der Erde, deren Name nicht in das Buch des Lebens geschrieben ist seit Grundlegung der Welt, wenn sie das Tier sehen, das war und nicht ist und wieder da sein wird. ⁹ Hier braucht es den Verstand, der Weisheit hat. Die sieben Köpfe bedeuten sieben Berge, auf denen das Weib thront, und sie bedeuten sieben Könige. ¹⁰ Fünf Könige sind gefallen; der eine ist da, der andere ist noch nicht gekommen; doch wenn er kommt, soll er nur kurze Zeit bleiben. ¹¹ Das Tier, das war und nicht ist, ist auch selbst der achte und gehört zu den sieben und geht ins Verderben. ¹² Und die zehn Hörner, die du sahst, sind zehn Könige, die die Herrschaft noch nicht erhalten

Bild 38: Die Hure reitet auf dem Tier Offb 17, 1—8

Lässig sitzt die Hure von Babylon auf ihrem «Pferd», dem Drachen, in ihrer Hand den Wein des Taumels. Die Hure sitzt im Purpur mit dem scheckigen Gürtel: Königin aller Laster, mit der die Großen dieser Welt Unzucht getrieben haben. Das Tier, auf dem die Hure reitet, wird mit dem Lamm Krieg führen. Die Kriegserklärung ist an alle ergangen, die an den Geboten Gottes festhalten wollen und bitter haben sie unter der Übermacht des Bösen, unter dem Gelächter der Hure, zu leiden. Welche Zuversicht gibt uns da die Apokalypse, wenn es zum Schlusse heißt: «Aber das Lamm wird sie besiegen; denn es ist der Herr der Herren und der König der Könige.»
Michael Prader

Es ist das erste Tier, das Tier mit den sieben Köpfen und den zehn Hörnern, auf dem die «Hure» reitet. Die «Hure», sagt die Apokalypse, ist die «große Stadt»; wir würden sagen, die antichristliche Welt, welche die geistige Herrschaft über Christus und das Christentum anstrebt. Um ans Ziel zu kommen, schließt die «Hure» ein Bündnis mit der Macht und mit der Gewalt. Über Diktaturen und Parlamentsmehrheiten setzt sie ihre falsche Sittenlehre, ihre Gesetze durch. Hitlers Rassismus zählte zum Anliegen der Hure, seine Diktatur machte den Rassismus zum Gesetz des Tieres.
Die Tötung ungeborenen Lebens wird angestrebt von der «Hure» Kommunismus, Liberalismus und Freimaurerei. Der Kindermord wird Gesetz, sobald die «Hure» auf dem Tier «Parlamentsmehrheit» zu reiten vermag. Als «Hure» versteht sie es, nicht nur Staatsführer, sondern auch Volksmehrheiten zur verbrecherischen Gewalttat zu verlocken; denn jedes Gesetz, das gegen die christlichen Werte verstößt, droht dem Verbrechen dienstbar zu werden.
In Offb 17, 9—11 wird geschildert, daß es seit jeher das Geschäft der «Hure» war, die Mächtigen zu mißbrauchen und zu verführen. Hier hat die «Hure» ihren Thron in den Köpfen von Hochgestellten aus der Zeit der christlichen Geschichte aufgeschlagen. Kaiser, Theologen, Richter, Philosophen, große Gelehrte, selbst Päpste verfielen ihren Verlockungen. Aus diesen greift die Apokalypse sieben «Köpfe» heraus, deren Gewaltsamkeiten in besonders krasser Weise den Fortbestand der Kirche in Frage stellten. Heute sind die Voraussetzungen gegeben, diese geschichtlichen Personen namentlich zu ermitteln. Das Ergebnis eines solchen wissenschaftlichen Unternehmens liegt vor. Die Kirche ließ es bis heute unbeachtet.
Hans Baum

haben, aber sie werden wie Könige eine Stunde lang Macht er-
13 langen mit dem Tier. Sie sind eines Sinnes und leihen dem Tier
14 ihre Macht und Gewalt. Diese werden mit dem Lamm Krieg
führen, aber das Lamm wird sie besiegen; denn es ist der Herr
der Herren und der König der Könige, und sein Gefolge sind
15 Berufene, Auserwählte und Getreue. Es sprach zu mir (der
Engel): Die Wasser, die du sahst, wo die Hure sitzt, bedeuten
16 Völker, Nationen, Stämme und Sprachen. Die zehn Hörner, die
du gesehen, und das Tier werden die Buhlerin hassen und sie
einsam und nackt machen, ja sie werden ihr Fleisch verzehren
17 und sie im Feuer verbrennen. Denn Gott hat ihnen ins Herz
gegeben, seinen Ratschluß auszuführen und zwar nach einheit-
lichem Plan zu handeln und ihre Herrschaft auf das Tier zu über-
18 tragen, bis die Worte Gottes erfüllt sein werden. Und das Weib,
das du gesehen hast, ist die große Stadt, die die Herrschaft führt
über die Könige der Erde.

Beachtet man die Geheime Offenbarung, so tritt alles menschliche Überlegen, Denken und Argumentieren zurück vor der Kernfrage: Welches ist die Zeit dieser beiden Tiere, für die die Offenbarung dieses spricht? Was sind das für zwei Tiere, und stehen diese Tiere vielleicht schon heute Aug in Aug einander gegenüber? Welche Kennzeichen werden von der Geheimen Offenbarung für das Tier aus dem Meere und für das Tier aus dem Festland angekündigt, damit man diese wirklich auch erkenne?
Solange das Tier aus dem Meere noch scharlachrot über die Bühne der Weltgeschichte wandelt, trägt es einen Staat mit Freiwirtschaft. Nach Vernichtung der reichen Metropole klagen die Kaufleute um ihren privaten Handel, mit dem sie «von ihr reich geworden sind» (Offb 18/15). Nach der raubtierhaften Wiederkehr dieses Tieres aus dem Meere ist nicht mehr von seiner Wirtschaftsform berichtet: Das Wirtschaft-

liche tritt zurück im Abrollen der endzeitlichen Katastrophe. Im Gegensatz zur Freiwirtschaft des Tieres aus dem Meere steht die Zwangswirtschaft des Tieres aus dem Festland: «Alle, groß und klein, reich und arm, frei und unfrei, brachte es dazu, auf ihrer rechten Hand oder an ihrer Stirne ein Zeichen zu tragen. Keiner sollte kaufen oder verkaufen dürfen, der nicht das Zeichen trug» (Offb 13/17); das Parteiabzeichen; das Zeichen der staatlichen Organisation.

Bild 39: Engel mit Mühlstein Offb 18, 21

Ein gewaltiger Himmelsfürst — sein Gewand und seine Flügel sind ein Kraftfeld kosmischer Energien — wirft den großen Mühlstein in die Wasser. Dieser Steinwurf ist ein Symbol dafür, wie die Welt vom Alpdruck des Bösen befreit und mit welcher Wucht Babylon zerschmettert wird.
Michael Prader

Babylon, die «große Stadt» des zweiten Tieres und der «Hure», die beide ja nur Sinnbilder der von Satan verführten diesseitigen Welt sind, ist im Ratschluß Gottes gefallen und ihrer Macht beraubt. Die Geschichte der Menschheit nimmt ihre große Wendung auf Christus, den Herrn der Geschichte, hin. Ein mächtiger Engel schleudert zum Zeichen des Sieges Christi und der Kirche einen Mühlstein, Sinnbild der Rastlosigkeit und des unersättlichen Erwerbssinnes, ins Meer, das mit seinen Gezeiten und seinen Stürmen mit seinem wimmelndem Leben und mit seiner Ausdehnung ins scheinbar Endlose hier als Verkörperung der menschlichen Geschichte gesehen wird.
Hans Baum

Das Tier aus dem Meere ist aus einer langen, steten Geschichte mit vielen Konstitutionen (7 Köpfe) hervorgegangen; das scharlachrote Tier hatte schon die fünfte. Die sechste Konstitution (Kopf mit der tödlichen Schwertwunde) fällt in die Zeit, da die Streitkräfte zerschlagen daniederliegen; in die Zeit der Schau des Engels. Unter einer siebten Konstitution erfolgt ein gewaltiges Wiedererstarken der Streitkräfte. Aber diese 7. Konstitution dauert nicht lange, sondern es erwächst nun — beinahe selbstverständlich — aus diesen geschichtlichen Konstitutionen etwas ganz anderes (Offb 17/10). Die gewaltige Macht der wiedererstandenen Streitkräfte und der Notstand des Nuklearkrieges führen fast zwangsläufig zur Militärdiktatur: Also ist in diesem naheliegenden Falle tatsächlich das Tier selbst sein eigener achter Kopf (Offb 17/11). Doch auch diese Streitkräfte erleiden die Vernichtung; im Rahmen der Entvölkerung der ganzen Erde.

Das Tier aus dem Festland stützt sich dagegen nicht auf eine lange Geschichte. Es stieg auf innerhalb einer einzigen Konstitution (1 Kopf). Es ist geboren aus der Revolution; es geht nicht aus älteren Konstitutionen hervor.

Das Tier aus dem Meere ist die Verbündung der Streitkräfte einer größeren Zahl unabhängiger Machthaber (10 Hörner) verschiedener Völker und Sprachgebiete; verschiedener Nationen, die der Metropole und ihrem Lebensstandard nahestehen (Offb 17/15). Die Machthaber dieser Nationen, die im Höhepunkt des Geschehens mit dem Wiedererstarken der Militärmacht dieses Paktes zur Herrschaft gelangen, setzen sich mit brutaler Gewalt über die Gebote Christi hinweg, bekämpfen und überwinden die Widerstände gegen die Entfaltung ihrer Macht (Offb 13/7, Offb 17/14). Naturgemäß hassen die Militärmachthaber, die alle Mittel für ihre Streitkräfte fordern, den Luxus und die Ausschweifung, wie sie die Metropole verkörpert. Immer mehr ziehen die Machthaber ihre Institutionen aus der gefährdeten Stadt ab und schieben gerade jene der Annehmlichkeit und Wohlfahrt dienenden Unternehmungen zur Seite, welche die Metropole geprägt und sie mit ihrem sagenhaften Reichtum umkleidet haben. Vielleicht wird dabei eine noch tiefergreifende Isolierung dadurch veranlaßt, daß diejenige Bündnisgroßmacht, deren Wirtschaft und Lebensart sich eben in der gewaltigen Metropole verdichtet, räumlich weiter abseits liegt und dadurch naturgemäß in ihren Interessen und Konzeptionen innerhalb des Bündnisses eine Sonderstellung einnimmt. Unvorstellbare Rüstungsanstrengungen zehren an der wirtschaftlichen Substanz; in einer Rüstung, die die Gefahr der Vernichtung der mächtigsten und reichsten Stadt der Erde heraufbeschwört, die dann auch im Feuer eines militärischen Schlages (d. h. eben des Tieres einfachhin) untergeht (Offb 17/16). Also ein gegnerisches Geschoß vollzieht die Vernichtung? Für Gott ist die Ursache der Katastrophe der Abfall von Seinem Gebot und die Anbetung irdischer Mächte auf der ganzen Erde; nicht der Fingerdruck irgendeines Bill oder Iwan. Die konkrete Veranlassung für die Katastrophenauslösung sind die Machthaber im Bereich des Tieres aus dem Meere (Offb 17/12) selbst, indem sie mit ihrem Planen das Gericht Gottes über sich und die Welt bereiten (Offb 17/14) und den Vollzug des göttlichen Willens (Offb 17/17), den Untergang der beherrschenden Weltstadt verursachen (Offb 17/18): Aus der einmütigen Aufstellung einer gemeinsamen Streitkraft bildet sich sehr kurzfristig eine Militärmacht mit souveräner Gewalt (Offb 17/13), die sofort den gegnerischen Vernichtungskrieg herausfordert; einen plötzlichen Schlag der gewaltigen Streitmacht des Tieres aus dem Festland, unter dessen furchtbarem Druck sich eben die Machthaber so verschiedenartiger Nationalitäten zusammenschließen (Offb 13/21).

Das Tier aus dem Festland ist dagegen die Verbündung der Streitkräfte von 2 unabhängigen Machthabern (2 Hörner). Als Herrscher über zwei kontinentale Riesenreiche können diese

Bild 40: Der Engel ruft den Vögeln Offb 19, 17—18

Nach weiteren Schilderungen des Untergangs der «großen Stadt Babylon» berichtet die Apokalypse ab Offb 19, 19 von einem letzten Aufbäumen des ersten Tieres. Aber unmittelbar zuvor schon hat der Engel die Aasgeier und Adler gerufen, das «Fleisch» der Mächtigen und Gewalttätigen zu verzehren. Tier und Lügenprophet, uns auch als erstes und zweites Tier bekannt, werden «in den Pfuhl des Feuers geworfen».
Das bedeutet, daß dem Teufel von nun an die Macht genommen wird, Kriege und andere Gewalttaten anzuzetteln und die Menschen nochmals vom Glauben an Christus abzuziehen. Allerdings verbleibt ihm noch eine einzige Hoffnung für die Tage vor der Wiederkunft des Herrn: Die Hoffnung, daß ein falscher Christus doch noch die «Auserwählten» zu täuschen und Christus zu überlisten vermag. Daß ihm dies aber nicht gelingen kann, ist verheißen und besiegelt.

Hans Baum

sehr wohl ein Machtgleichgewicht mit den 10 Machthabern des anderen Tieres darstellen; auch wenn die anderen Regierenden im Raume dieser beiden kontinentalen Machthaber abhängige Marionetten sind, auf welche im Endkampf nicht sicher zu rechnen ist.

Erst steigt das Tier aus dem Meere auf; dann erst das Tier aus dem Festland. Das Tier aus dem Festland übt die ganze Gewalt wie das Tier aus dem Meere aus; unter dessen (entsetzten!) Augen (Offb 13/12). Es übernimmt also die Gewalt, die erst nur dem Tier aus dem Meere eigen war; Atomspionage?) — und wirkt eben in dieser übernommenen Gewalt große Wunderzeichen (vgl. Mk 13/22): Sogar Feuer läßt es vor den Augen der Menschen vom Himmel auf die Erde fallen» (Offb 13/13) — und fasziniert betrachten die Beobachterstäbe und mit ihnen die ganze Welt das vom Himmel auf die Erde gestrahlte Feuer der nuklearen Machtdemonstrationen der zweiten Nukleargroßmacht. Diese Gewalt des Tieres aus dem Festland und die Bedrohung, die davon für die Völker ausgeht, bringen diese eben dazu, sich dem Tiere aus dem Meere anzuschließen und diesem zu vertrauen (Offb 13/12). Mit dem Nachweis der selbständigen Nukleargroßmacht regt das Tier aus dem Festland auch andere Nationen an, selbst Streitkräfte nach dem Ebenbild des Tieres aus dem Meere (ebenfalls nuklear bewaffnet) aufzustellen (Offb 13/14). Doch diese Streitkräfte entwickeln sich zur selbständigen Macht, die ebenfalls jeden ihres Machtbereiches töten läßt, der ihren Interessen widersteht (Offb 13/15—16).

Der Zahlenwert 666 des Namens des Tieres, der einen Menschen bezeichnet (Offb 13/18), ist gleich dem Zahlenwert des durch Menschenmacht bereiteten Geschehens: Die 6 ersten Siegel, die 6 ersten Posaunen im 7. Siegel und die 6 ersten Schalen in der 7. Posaune; das gigantische 3stufige Triebwerk hinzielend auf das Ereignis der 7. Schale, die den Untergang der Menschheit besiegelt. 666 ist der Zahlenwert des Tieres einfachhin, der Zahlenwert der Streitkräfte, die mit dem verderbenbereitenden, insbesondere in der Rüstung verkörperten Treiben der Menschen aufsteigen. 666 ist die Zahl für einen Menschen, der teilnimmt und gezeichnet ist von solchem Treiben, das herauswachsend aus den fortgesetzten Untaten der ganzen bisherigen Geschichte (erste 6 Siegel), das fortschreitend über eine wahnsinnige Nuklearkriegführung (erste 6 Posaunen), das gipfelnd in einer teuflischen Ausartung menschlichen Tobens (erste 6 Schalen), das Gericht der 7. Schale herbeiführt und vollendet. Bei den Mächten der Welt hat dieses Treiben, hat insbesondere die Rüstung wirtschaftlichen Vorrang (Offb 13/17). Aber Gott verurteilt diejenigen, die von diesem Treiben und dessen Zahl 666 gezeichnet sind; ebenso wie diejenigen, die mit ihren Anliegen auf die Streitkräfte bauen oder den gottlosen Ideologien anhängen.

Doch was bedeutet «aus dem Meere» und «aus dem Festland»? Eine typische Seemacht bildet ein Staat, der auf beiden Flanken von den Ozeanen der Erde umspült wird und nur über das Meer mit den anderen Staaten in Verbindung treten kann. Die typischen Paktstreitkräfte des Meeres bilden sich aus solchen Staaten, die sich zueinander um ein Meer gruppieren. Vielleicht — zur Hilfe für die noch Zweifelnden — kennen die Initiatoren dieses endzeitlichen Paktes die Geheime Offenbarung so wenig oder glauben sie so wenig, daß sie diesen Pakt sogar unbekümmert nach dem Meere nennen, aus dem dieses «Tier aus dem Meere» eben aufsteigt.

Eine typische Landmacht bildet dagegen ein Staat, den man schon immer als «Kaftan mit zugenähten Ärmeln» zu bezeichnen pflegt. Dies ist ein Staat, der nur an monatelang vereiste Teile des Weltmeeres und an geschlossene Binnenmeere angrenzt, der aber auf dem Landwege mit den meisten und größten Völkern der Erde in Verbindung steht.

Bild 41: Fesselung Satans Offb 20, 1—3

Die Fesselung Satans zeigt, daß dem Bösen nur so viel Macht und Zeit belassen ist, als es Gott bestimmt und zuläßt. Prüfung ist alles. Die Worte des Herrn im Evangelium sind bekannt, welche zur Standhaftigkeit mahnen und auch Abkürzung der Prüfung verheißen, damit nicht die Kinder des Lichtes auch noch irre werden.
Noch nie war die Größe Gottes so offenbar wie heute; souverän hält Er die Zügel in der Hand und wartet seine Stunde ab. Die schlichten Berichte des Evangeliums bekommen eine neue Wucht und Tiefe. Denken wir an den Sturm auf dem See. Wir dürfen auch heute nicht verzweifeln.
Und das andere Bild von der Befreiung des Besessenen am Ufer des Sees. Wimmernd flehen die Dämonen, in die Schweine fahren zu dürfen, und stürzen mit ihnen in die Fluten. Das Ende wird auch sein eine gewaltige Austreibung der Dämonen und ihr Hinabgeschicktwerden in die Fluten des ewigen Feuers.
Habt also Vertrauen. Der Herr hat seine Zeit.
Ein Geheimnis der Zukunft liegt im Zusammenhang mit dieser Fesselung Satans vor uns. Der Künstler übergeht es und auch das Gericht streift er nur mit einem Bild. Er stellt uns gleich vor die letzte, ewige Herrlichkeit.
Michael Prader

Satan wird für «tausend Jahre» gefesselt. Eine unvorstellbare, aber göttlich beglaubigte Tatsache, daß es eine Zeit geben soll ohne den Teufel als Mitspieler und Störenfried, eine Zeit des ungestörten Gottesfriedens. Daß sie Gott kurz bemessen und daß sie keine tausend Jahre dauern wird, geht aus folgenden Überlegungen hervor:
Erstens besitzt der Mensch ein kurzes Gedächtnis, auch für endzeitliche Schrecken; zweitens gibt es in der Prophetie keine wahrsagerischen Zeitbegrenzungen; drittens sind «tausend Jahre» in den jüdischen Büchern jener Zeit nichts weiter als ein Zahlensymbol für eine nicht näher bestimmbare Dauer und viertens wird in Offb 10, 6 schon am Beginn der Endzeit der bedeutsame Hinweis gegeben: «Es wird keine Zeit mehr sein.»
Dies spricht für die Wahrscheinlichkeit, daß die letzte Loslassung und Fesselung Satans zeitlich nicht allzu fern von der ersten gelegen ist.
Hans Baum

Babylons Fall

18. ¹ Danach sah ich einen andern Engel aus dem Himmel herniedersteigen: er hatte große Macht, und die Erde ward von seinem ² Glanze erleuchtet. Er rief mit mächtiger Stimme: Gefallen, gefallen ist das große Babylon. Es ist geworden zur Wohnstätte der Teufel, zum Gefängnis jedes unreinen Geistes und zum Schlupf- ³ winkel aller unreinen und verhaßten Vögel. Denn alle Völker haben vom Glutwein ihrer Buhlerei getrunken, die Könige der Erde haben mit ihr Unzucht getrieben und die Kaufleute der ⁴ Erde sich an ihrer großen Üppigkeit bereichert. Ich hörte eine andere Stimme aus dem Himmel rufen: Zieht fort von ihm, mein Volk, damit ihr keinen Anteil habt an seinen Sünden und von ⁵ seinen Plagen nichts erleidet. Denn seine Sünden reichen bis an den Himmel, drum gedenkt Gott seiner Freveltaten. Vergeltet ⁶ ihm, wie es selbst getan, und gebt ihm doppelt zurück nach seinen Werken; den Becher, den es gemischt hat, mischt doppelt.

⁷ Soviel es geprunkt und geschwelgt hat, soviel Pein und Trauer fügt ihm zu. Es denkt in seinem Herzen: Ich throne als Königin, ⁸ bin keine Witwe und kenne keine Trauer. Drum sollen an einem Tage seine Plagen kommen: Tod, Trauer, Hungersnot, und im Feuer soll es verbrannt werden. Denn mächtig ist der Herr Gott, der es richtet.

Der große Klagegesang

⁹ Weinen und wehklagen werden über sie (die Stadt) die Könige der Erde, die mit ihr gebuhlt und geschwelgt haben, wenn sie den ¹⁰ Rauch von ihrem Brande sehen. Aus Furcht vor ihrer Qual stehen sie von ferne und rufen: Wehe, du große Stadt, Babylon, du mächtige Stadt! In einer Stunde ist das Gericht über dich ¹¹ gekommen. Und die Kaufleute der Erde weinen und wehklagen ¹² um sie, weil niemand mehr ihre Waren kauft: Waren von Gold und Silber, von Edelstein und Perlen, von Byssus und Purpur, von Seide und Scharlach, allerlei Thuyaholz, Elfenbeingeräte, ¹³ verschiedenes Schnitzwerk aus kostbarstem Holz, Erz, Eisen und Marmor; auch Zimt, Amom, Räucherwerk, Salböl, Weihrauch, Wein, Öl, Feinmehl und Weizen; Hornvieh, Schafe, Pferde und ¹⁴ Wagen und — Menschenleiber und Menschenseelen. Auch die reifen Früchte, die dein Herz begehrte, sind dir entschwunden; all die Pracht und der Glanz ist dir verlorengegangen und nimmer ¹⁵ zu finden. Die Kaufleute, die mit diesen Dingen Handel trieben und an ihr reich geworden sind, werden aus Furcht vor ihrer ¹⁶ Qual von ferne stehen, weinend und jammernd, und rufen: Wehe, wehe, du große Stadt, die angetan war mit Linnen, Purpur und Scharlach und geschmückt mit Gold, Edelsteinen und Perlen;

Bild 42: Das letzte Gericht Offb 20,11—15

Nachdem die «tausend Jahre», diese wahrscheinlich kurze Zeit des Gefesseltseins Satans, vorüber sind, wird er mit seinen Dämonen nochmals losgelassen, um dem Antichrist beizustehen. Aber die «Auserwählten» sind von Gott gegen den «zweiten Tod», gegen die Hölle, abgesichert. Satan erreicht nichts und wird nun für alle Ewigkeit in den «Feuersee» geworfen. Erst jetzt vollzieht sich das eigentliche Endgericht, die Auferstehung der Toten und die Scheidung der Seligen von den Verdammten. Diesen Vorgang hat der Künstler in einer großartigen Schau nachempfunden.

Hans Baum

17 ist doch in einer Stunde dieser große Reichtum der Verwüstung anheimgefallen. Und alle Steuerleute, alle Küstenfahrer und Matrosen und alle, die auf dem Meere tätig sind, standen von
18 ferne. Als sie den Rauch ihres Brandes sahen, schrien sie: Wo
19 war eine Stadt, so groß wie sie? Und sie streuten Asche auf ihr Haupt und schrien unter Weinen und Wehklagen: Wehe, wehe, du große Stadt, von der sich alle bereicherten, die Schiffe auf dem Meere haben. Ist sie doch in einer Stunde verwüstet worden.
20 Freue dich über sie, du Himmel und ihr Heiligen, ihr Apostel und Propheten. Denn Gott hat euern Rechtsanspruch durch sein Gericht an ihr erfüllt.

Die Merkwürdigkeiten, die diese Buhlerin und das Tier, auf dem sie reitet, aufweisen (Offb 17), setzen sie in eine erschreckend enge Parallele mit unseren derzeitigen Gegebenheiten.
Die «Verbrennung» dieser Weltstadt «im Feuer» innerhalb einer einzigen Stunde (!) wird von gewaltigen Reden im Himmel begleitet (Offb 18/1—8). Der «andere Engel», der hierbei «vom Himmel niederstieg» und den Vollzug ihrer Vernichtung ankündigt, «hatte große Macht und die Erde ward von seinem Glanze erleuchtet»; — auch Insignien der nuklearen Detonation nach einem Fernbeschuß.
Dem Untergang dieser freien, reichen Seestadt folgt der große Klagegesang der Machthaber, Kaufleute und Seefahrer (Offb 18/9—20).
Die Machthaber, wenn sie den Rauch (!) ihrer Vernichtung sehen, «stehen aus Furcht vor ihrer Qual von ferne» und rufen: «Du große Stadt, du mächtige Stadt, in einer einzigen Stunde kam das Gericht über dich». Die Kaufleute rufen «aus Furcht vor ihrer Qual weinend und trauernd von ferne stehend»: «In einer einzigen Stunde ist so großer Reichtum vernichtet.» Die Schiffer «stehen von ferne» klagend: «In einer einzigen Stunde ward sie verwüstet» (Offb 18/10; Offb 18/15; Offb 18/17).

Warum in einer einzigen Stunde? Es ist die effektive Schußzeit der Interkontinentalraketen. Und warum so in Furcht von ferne angesichts des Rauches? Man meidet voll Entsetzen die 20 000 km², die durch den Detonationsqualm tödlich radioverseucht sind.

Die verödete Stadt

21 Ein starker Engel hob einen Stein auf, groß wie ein Mühlstein, und schleuderte ihn ins Meer mit den Worten: Mit solcher Wucht soll Babylon, die große Stadt, hingeworfen werden und nimmer-
22 mehr zu finden sein. Kein Ton von Harfenspielern und Sängern, von Flötenspielern und Trompetenbläsern wird in dir vernommen werden, und kein Handwerker irgendeines Handwerkes wird mehr in dir gefunden werden, und das Geräusch des Mühlsteins
23 wird nicht mehr in dir gehört werden. Kein Licht einer Lampe soll in dir leuchten und keine Stimme von Braut und Bräutigam
24 mehr in dir laut werden. Denn Kaufleute waren ja die Großen der Erde; durch deine Zauberkünste sind alle Völker verführt worden. An ihr klebt das Blut von Propheten und Heiligen und allen, die hingeschlachtet wurden auf Erden.

Diesem überaus bezeichnenden Klagegesang folgt nochmals eine sinnbildliche Demonstration ihrer Vernichtung durch einen Engel (Offb 18/21—24), der «einen Stein, so groß wie ein Mühlstein, ins Meer warf»: Wasserstoffbomben haben etwa einige hundert Kilogramm; etwa die Größe eines Mühlsteins. Seestädte werden am wirksamsten vernichtet, wenn man eine solche Bombe in ihren Hafen, in das Meer vor ihr einschießt und detoniert, damit die ungeheure Energie Substanz für ein mechanisch wirksames Dampfvolumen findet. Genau entsprechend wird an anderer Stelle (Offb 16/18—19) berichtet,

Bild 43: Das himmlische Jerusalem Offb 21, 9—27

«Seht, ich mache alles neu!» Eine große Wandlung hat sich vollzogen. Das Lamm ist wahrhaftig und wirklich die Mitte geworden und sein Glanz überstrahlt alles. Das Haupt der Schöpfung ist allen sichtbar geworden. Die heilige Stadt — Bild der neuen, in Gott vereinigten Schöpfung — leuchtet vor den Augen des Sehers. Die ganze Schöpfung kommuniziert, empfängt ihren Herrn. Das Brautlied der Schöpfung, von Isaias intoniert, beschließt alles: «Heilig, heilig, heilig...» Die Ver-HERR-lichung Gottes ist das Ziel der ganzen Schöpfung. Das Paradies — durch den Sündenfall der Stammeltern verschlossen — ist im Kreuz Christi neu und noch herrlicher aufgebaut worden.
Michael Prader

In Offb 21,1 lesen wir: «Der erste Himmel und die erste Erde sind vergangen, auch das Meer ist nicht mehr.» Das bedeutet, daß Raum und Zeit ihr Ende finden und ewiger Gegenwart Platz machen werden, die ausgefüllt sein wird von dem unaussprechlichen Glück der ewigen Anschauung Gottes. Ein neuer Himmel und eine neue Erde nimmt die Seligen auf, das himmlische Jerusalem schwebt hernieder. Da dies unser Vorstellungsvermögen überschreitet, versucht Johannes, das von ihm Geschaute im Bilde eines prachtvollen und kostbaren Juwels wiederzugeben, das der Maler meisterhaft gestaltet.
Hans Baum

daß es die «große Stadt» in drei Teile auseinandertreibt; in die drei Teile der drei Seiten, nachdem die vierte Seite mit dem Hafen ans Meer grenzt.
Gott selbst hat den Gedanken zu einem Verhalten eingegeben (Offb 17/17), das die Zerstörung der Weltstadt «im Feuer» zur Folge hat (Offb 17/16) – und großer Jubel erhebt sich im Himmel anläßlich der vollkommenen Vernichtung dieser überaus großen, mächtigen und reichen Stadt: «Alleluja! Das Heil, die Herrlichkeit und die Macht gehören unserem Gott. Wahrhaftig und gerecht sind Seine Gerichte.» «Alleluja! Der Rauch von ihr steigt auf von Ewigkeit zu Ewigkeit» (Offb 19/1—5).

Der Jubel im Himmel

19.1 Danach hörte ich (etwas) wie die mächtige Stimme einer großen Schar im Himmel rufen: Alleluja, das Heil und die Herrlichkeit
2 und die Macht gebühren unserm Gott. Denn wahrhaft und gerecht sind seine Gerichte. Hat er doch die große Hure gerichtet, die mit ihrer Unzucht die Erde verdarb, und das Blut seiner
3 Gerechten von ihrer Hand gerächt. Ein zweites Mal riefen sie: Alleluja. Und ihr Rauch stieg auf in alle Ewigkeit. Die vierund-
4 zwanzig Ältesten und die vier lebenden Wesen warfen sich nieder und beteten Gott an, der auf dem Throne saß, und sprachen:
5 Amen, alleluja. Und eine Stimme ging vom Throne aus und sprach: Preist unsern Gott, ihr Knechte alle, die ihr ihn fürchtet,
6 ihr Kleinen und Großen. Und ich hörte (etwas) wie die Stimme einer großen Schar und wie das Rauschen vieler Wasser und wie das Rollen starker Donner, die sprachen: Alleluja, denn der Herr, unser Gott, der Allherrscher, hat die Königsherrschaft
7 angetreten. Laßt uns froh sein und jubeln und ihm die Ehre geben, denn die Hochzeit des Lammes ist gekommen und seine
8 Braut hat sich bereit gemacht. Und es ward ihr gegeben, sich in glänzendes, reines Linnen zu kleiden. Das Linnen bedeutet die guten Werke der Heiligen.
9 Er sagte zu mir: Schreibe: Selig, die zum Hochzeitsmahl des
10 Lammes geladen sind, und er fügte hinzu: Das sind wahrhaft Gottes Worte. Da fiel ich ihm zu Füßen, um ihn anzubeten. Er aber sagte zu mir: Gib acht: tue es nicht! Ich bin dein und deiner Brüder Mitknecht, die das Zeugnis Jesu haben. Gott bete an! Denn das Zeugnis Jesu ist der Geist der Weissagung.

Bild 44: Wasser des Lebens Offb 22, 1

Was in der Zeit lebt, endet in der Zeit, obwohl alles Lebendige von lebenspendendem Wasser gespeist wird. Was aber jenseits der Zeit lebt, kann niemals sterben, weil es vom Wasser ewigen Lebens genährt wird, das vom «gläsernen Meer» am Throne Gottes herabströmt und die «Lebensbäume» befruchtet, deren Blätter und Früchte den Seligen als Nahrung dienen. Dieses «Wasser des Lebens» kann nichts anderes sein als der Geist Gottes, der Heilige Geist.
Mehrmals legt die Apokalypse Zeugnis ab für den dreifaltigen Gott. Am nachdrücklichsten geschieht dies in ihrem ersten und ihrem letzten Kapitel: In Offb 1, 13—16 und dem dazugehörigen Bild 3 erscheint Christus mit Sinnzeichen, die seine Einheit mit dem Vater und dem Heiligen Geist bekunden; und in Offb 22, 1—5 und auf Bild 44 ist bezeugt, daß der «Strom lebendigen Wassers ... vom Throne Gottes und des Lammes hervorquoll». So bestätigt die Apokalypse die Lehre der Kirche, nach welcher der Heilige Geist vom Vater und vom Sohne ausgeht. Dazu sagt der Engel: «Diese Worte sind zuverlässig und wahr.»
Wir glauben es mit ihm!
                                             Hans Baum

Über den jagenden Stoßwellen und dem rollenden Donner des sich fortsetzenden Krieges vollzieht sich die jenseitige Vereinigung der Kirche mit Gott: «Dann hörte ich, wie eine große Schar gleich dem Rauschen vieler Wasser und gleich dem Rollen starker Donner sang: 'Alleluja! Der Herr, unser Gott, der Allmächtige, hat die Herrschaft übernommen. Laßt uns froh sein und jubeln und ihm die Ehre geben! Die Hochzeit des Lammes ist gekommen, seine Braut hält sich bereit. Sie durfte sich in glänzend reines Linnen kleiden.' Das Linnen bedeutet die gerechten Werke der Heiligen» (Offb 19/6—8).

Der Sieger auf weissem Roß

11 Ich sah den Himmel offen, und siehe, ein weißes Pferd, und der darauf reitet, heißt Treu und Wahr, und mit Gerechtigkeit hält
12 er Gericht und führt er Krieg. Seine Augen sind flammendes Feuer und auf seinem Haupte trägt er viele Diademe und einen Namen (darauf) geschrieben, den niemand kennt als er selbst.
13 Er ist bekleidet mit einem blutgetränkten Mantel und sein Name
14 ist Wort Gottes. Und es folgen ihm die Heere, die im Himmel sind, auf weißen Rossen, angetan mit weißem, reinem Linnen.
15 Und aus seinem Munde geht ein scharfes Schwert hervor, daß er damit die Völker schlage, und er selber wird sie weiden mit eisernem Stab; und er selber tritt die Weinkelter des grimmen
16 Zornes Gottes, des Allherrschers. Und auf seinem Mantel und auf seiner Hüfte trägt er einen Namen geschrieben: König der Könige und Herr der Herren.

Der Richter und Regent mit «eisernem Zepter» auf weißem Roß heißt der «Treue und Wahrhaftige». Sein Name ist «Wort Gottes». Die himmlischen Heerscharen folgen Ihm in glänzend weißem Linnen auf weißen Rossen. Aus Seinem Munde fährt ein scharfes Schwert, um damit die Völker zu schlagen. Er ist der König der Könige, der Herr der Herrscher. Der Herr der Herrscher führt kein Schwert in der Hand; auch nicht die himmlischen Heerscharen. Die «Völker» fallen allein durch das Schwert, das aus dem Munde dessen kommt, der «Wort Gottes» genannt wird (Offb 19/15; Offb 19/21).

Die Allmacht Gottes hat von Anfang an die Welt mit Seinem Wort so geschaffen, daß Leben nur im Lichte des Geistes Gottes ist. Doch die Finsternis hat es nicht ergriffen. Von Anfang an ist die Welt so geschaffen, daß das Abgefallene und Unwahrhaftige sich in sich selbst vernichtet; auf Grund eines der Schöpfung mitgegebenen Gesetzes, mächtiger als alle Gesetze unseres Denkens und unserer Apparaturen: die Gerechtigkeit.

Das Gericht über das Tier und den falschen Propheten

17 Ich sah einen Engel in der Sonne stehen. Der rief mit lauter Stimme allen Vögeln zu, die durch den Himmelsraum fliegen:
18 Kommt her, versammelt euch zum großen Mahle Gottes. Ihr sollt Fleisch von Königen verzehren, Fleisch von Heerführern und Mächtigen, Fleisch von Rossen und ihren Reitern, Fleisch von allen Freien und Sklaven, von groß und klein.
19 Ich sah das Tier und die Könige der Erde und ihre Heere versammelt, um Krieg zu führen mit dem, der auf dem Rosse saß,
20 und mit seinem Heere. Und das Tier ward ergriffen und mit ihm der Lügenprophet, der vor ihm die Wunderzeichen gewirkt hatte, womit er die verführte, die das Malzeichen des Tieres angenommen und sein Bild angebetet hatten. Beide wurden bei lebendigem Leibe in den Feuerpfuhl geworfen, der von Schwefel
21 brennt. Und die übrigen wurden mit dem Schwert getötet, das aus dem Munde dessen hervorging, der auf dem Pferde saß; und alle Vögel sättigten sich an ihrem Fleische.

Fesselung des Satans

20.¹ Ich sah einen Engel vom Himmel herabschweben; er hielt den
² Schlüssel zum Abgrund und eine große Kette in der Hand. Er
überwältigte den Drachen, die alte Schlange, welcher der Teufel
³ und der Satan ist, und fesselte ihn auf tausend Jahre und warf ihn
in den Abgrund und verschloß ihn und legte ein Siegel darauf,
damit er die Völker nicht mehr verführe, bis die tausend Jahre
⁴ vollendet wären. Danach wurde er auf kurze Zeit losgelassen.

Tausendjährige Herrschaft

Und ich sah Throne und darauf ließen die sich nieder, denen das
Gericht übergeben ward. Auch (sah ich) die Seelen derer, die
um des Zeugnisses Jesu und des Wortes willen hingerichtet
worden sind, ebenso jene, die weder das Tier noch das Bild angebetet, noch das Malzeichen auf ihre Stirn und auf ihre Hand
⁵ genommen hatten. Die übrigen Toten leben nicht, bis die tausend
⁶ Jahre vollendet sind. Das ist die erste Auferstehung. Selig und
heilig, wer an der ersten Auferstehung teilhat. Über sie hat der
zweite Tod keine Gewalt. Sie werden Gottes und Christi Priester
sein und mit ihm als Könige herrschen tausend Jahre. Und wenn
⁷ die tausend Jahre vollendet sind, wird der Satan aus seinem
⁸ Kerker losgelassen werden. Und er wird ausziehen, um die Völker
zu verführen, die an den vier Ecken der Erde sind, den Gog und
Magog, um sie zum Krieg zu sammeln; ihre Zahl ist wie der Sand
⁹ am Meere. Und sie zogen hinaus über die weite Erde und um-
¹⁰ zingelten das Lager der Heiligen und die geliebte Stadt. Aber
Feuer fiel vom Himmel und verzehrte sie. Und der Teufel, der
sie verführte, wird in den Feuer- und Schwefelsee geworfen, wo
auch das Tier und der Lügenprophet sind, und sie werden gepeinigt werden Tag und Nacht in alle Ewigkeit.

Aufrichtung des ewigen Gottesreiches

Das Weltgericht

¹¹ Ich sah einen großen, lichten Thron und den, der darauf saß. Vor
seinem Angesicht flohen die Erde und der Himmel, und es fand
¹² sich keine Stätte (mehr) für sie. Und ich sah die Toten, die
großen und die kleinen, vor dem Throne stehen, und die Bücher
wurden aufgeschlagen, und (noch) ein Buch wurde aufgeschlagen,
welches (das Buch) des Lebens ist. Und die Toten wurden
gerichtet nach dem, was in den Büchern geschrieben stand,
¹³ gemäß ihren Werken. Das Meer gab die Toten heraus, die in ihm
waren, auch der Tod und die Unterwelt gaben die Toten heraus,
die in ihnen waren, und sie wurden gerichtet, jeder nach seinen
¹⁴ Werken. Der Tod und das Totenreich wurden in den Feuersee
geworfen. Dies ist der zweite Tod, der Feuersee. Wer sich nicht
im Buch des Lebens verzeichnet fand, wurde in den Feuersee
geworfen.

Der neue Himmel und die neue Erde

21.¹ Da sah ich einen neuen Himmel und eine neue Erde. Der erste
Himmel und die erste Erde sind vergangen, auch das Meer ist
² nicht mehr. Und die heilige Stadt Jerusalem sah ich neu herabsteigen aus dem Himmel von Gott her, ausgestattet wie eine
³ Braut, die sich für ihren Bräutigam geschmückt hat. Ich hörte
eine laute Stimme vom Thron her sprechen: Siehe, das Zelt
Gottes unter den Menschen! Und er wird bei ihnen sein Zelt
⁴ aufschlagen, und sie werden seine Völker sein. Er wird jede
Träne von ihren Augen wischen, und es wird keinen Tod mehr
geben, keine Trauer, keine Klage, keine Mühsal, denn das frühere
ist vorbei.

⁵ Der auf dem Throne saß, sprach: Siehe, ich mache alles neu! Und er sagte (zu mir): Schreibe, die Worte sind zuverlässig und wahr.
⁶ Auch sprach er zu mir: Es ist geschehen! Ich bin das Alpha und das Omega, der Anfang und das Ende. Dem Durstigen will ich umsonst von den Quellen des lebendigen Wassers geben. Wer
⁷ siegt, soll dies zum Erbe erhalten, und ich will ihm Gott sein und er soll mein Sohn sein.
⁸ Die Feiglinge aber und die Treulosen, die Gemeinen und die Mörder, die Unzüchtigen und die Zauberer, die Götzendiener und die Lügner, alle haben ihren Anteil in dem Pfuhl, der von Feuer und Schwefel brennt; das ist der zweite Tod.

Das neue Jerusalem

⁹ Nun kam einer von den sieben Engeln, die die sieben Schalen trugen, gefüllt mit den sieben letzten Plagen, und redete mit mir also: Komm her, ich will dir die Braut, die Frau des Lammes
¹⁰ zeigen. Und er entrückte mich im Geiste auf einen großen, hohen Berg und zeigte mir die heilige Stadt Jerusalem, wie sie aus dem
¹¹ Himmel von Gott herabstieg in der Herrlichkeit Gottes. Ihr Lichtglanz war gleich dem eines kostbaren Edelsteins, eines
¹² kristallhellen Jaspissteins. Sie hat eine Mauer, groß und hoch, mit zwölf Toren und über den Toren zwölf Engel, und Namen sind darauf geschrieben; es sind die der zwölf Stämme Israels.
¹³ Im Osten sind drei Tore und im Norden drei Tore und im Süden
¹⁴ drei Tore und im Westen drei Tore. Die Mauer der Stadt hat zwölf Grundsteine und darauf standen die Namen der zwölf
¹⁵ Apostel des Lammes geschrieben. Der mit mir redete, hatte einen Maßstab, ein goldenes Rohr, um die Stadt und ihre Tore zu
¹⁶ messen. Die Stadt bildet ein Viereck und ist ebenso lang wie breit. Er maß die Stadt mit seinem Rohre: Es waren zwölftausend
¹⁷ Stadien. Er maß auch ihre Mauer, es waren hundertvierundvierzig Ellen, gemessen nach Menschenmaß, das auch das Maß
¹⁸ der Engel ist. Der Baustoff ihrer Mauer ist Jaspis, und die Stadt
¹⁹ ist lauteres Gold, ähnlich reinem Glas. Die Grundsteine der Stadtmauer sind mit Edelsteinen jeder Art geschmückt. Der erste Grundstein ist ein Jaspis, der zweite ein Saphir, der dritte ein
²⁰ Chalzedon, der vierte ein Smaragd, der fünfte ein Sardonyx, der sechste ein Sardis, der siebte ein Chrysolith, der achte ein Beryll, der neunte ein Topas, der zehnte ein Chrysopras, der elfte ein
²¹ Hyazinth, der zwölfte ein Amethyst. Die zwölf Tore sind zwölf Perlen, ein jedes Tor war aus einer einzigen Perle. Der Markt-
²² platz war lauteres Gold wie durchsichtiges Glas. Einen Tempel sah ich nicht in ihr, denn der Herr Gott, der Allherrscher und das

Bild 45: Baum des Lebens Offb 22, 2

«Von allen Bäumen darfst du essen, nur vom Baum der Erkenntnis von Gut und Böse darfst du nicht essen; denn am Tage, da du davon ißt, mußt du sterben», so lautete Gottes Gebot im Paradies. Nun, die Stammeltern folgten Gott nicht und die Folge war die Erbsünde und der Tod. Christus, der zweite Adam, hat uns durch sein grauenhaftes Leiden und Sterben auf Kalvaria erlöst und uns das Paradies neu erschlossen — im Beisein und unter Mitwirkung von Maria, der zweiten Eva.
Im Himmel dürfen wir am göttlichen Leben teilhaben und Gott selbst wird uns zur Nahrung. Die Früchte am Baum des Lebens sind ein Symbol der Unsterblichkeit. Jetzt erfüllt sich das große Wort Christi: «Den Frieden gebe ich euch, meinen Frieden gebe ich euch.» Ewiger Friede, welche Verheißung! Für uns Diesseitsmenschen kaum vorstellbar. Doch die Worte des Herrn sind wahr. Die Kinder auf diesem Bild sind Symbol der Seligkeit, der Unbeschwertheit, des unbekümmerten Besitzes. Die Kinder Gottes werden wie die Kinder Israels durch das Rote Meer heimfinden.
Michael Prader

23 Lamm ist ihr Tempel. Die Stadt bedarf weder des Sonnenlichtes noch des Mondlichtes, denn die Herrlichkeit Gottes erleuchtet
24 sie und ihre Leuchte ist das Lamm. In ihrem Lichte werden die Völker wandeln, und die Könige der Erde werden ihre Herrlich-
25 keit hineintragen. Ihre Tore werden tagsüber nicht geschlossen,
26 denn Nacht wird es dort nicht geben. Man wird die Herrlichkeit
27 und die Schätze der Völker zu ihr bringen. Aber nichts Unreines wird in sie eingehen, noch wer Greuel und Lüge verübt, sondern nur die, welche im Lebensbuch des Lammes eingetragen sind.

Schluß des Buches

22.1 Dann zeigte er mir einen Strom lebendigen Wassers, klar wie Kristall, der vom Throne Gottes und des Lammes hervorquoll.
2 Mitten auf ihrem Marktplatz und zu beiden Seiten des Stromes steht der Baum des Lebens, der zwölf(mal) Früchte trägt, jeden Monat spendet er Frucht. Die Blätter der Bäume dienen den Völkern zur Heilung. Und nichts dem Fluche Verfallenes wird es
3 mehr geben. Der Thron Gottes und des Lammes wird in ihr sein
4 und seine Knechte werden ihm dienen. Sie werden sein Antlitz schauen und tragen seinen Namen an ihrer Stirn. Nacht wird es
5 nicht mehr geben und sie benötigen weder Lampen- noch Sonnenlicht; denn der Herr Gott wird leuchten über ihnen, und sie werden als Könige herrschen in alle Ewigkeit.
6 Dann sprach er zu mir: Diese Worte sind zuverlässig und wahr, und der Herr, der Gott der Prophetengeister, hat seinen Engel
7 gesandt, um seinen Knechten zu zeigen, was in Bälde geschehen
8 muß. Siehe, ich komme bald. Selig, wer die Worte der Weissagung dieses Buches zu Herzen nimmt. Ich, Johannes, bin es, der dies hörte und schaute. Als ich es gehört und geschaut hatte, fiel ich zu Füßen des Engels nieder, der mir dies zeigte, um an-
9 zubeten. Aber er sagte zu mir: Siehe, tu es nicht! Ich bin dein und deiner Mitbrüder, der Propheten, Knecht, und derer, die die Worte dieses Buches festhalten. Gott bete an!
10 Dann sprach er zu mir: Versiegle die Worte der Weissagung
11 dieses Buches nicht, denn die Zeit ist nahe. Der Frevler begehe noch mehr Frevel und der Unreine noch mehr Unreines. Der
12 Gerechte aber handle noch gerechter und der Heilige heilige sich
13 noch mehr. Siehe, ich komme bald und mit mir mein Lohn, um einem jeden zu vergelten nach seinem Werk. Ich bin das Alpha und das Omega, der erste und der letzte, der Anfang und das
14 Ende. Selig, die ihre Kleider waschen. Sie sollen Anrecht auf den Baum des Lebens haben und durch die Tore der Stadt eingehen.
15 Draußen (bleiben) die Hunde und die Zauberer, die Unzüchtigen und die Mörder, die Götzendiener und jeder, der Lüge liebt und
16 übt. Ich, Jesus, habe meinen Engel gesandt, um euch dies für die
17 Gemeinden zu bezeugen. Ich bin die Wurzel und der Sproß Davids, der strahlende Morgenstern. Der Geist und die Braut sprechen: Komm! Und wer es hört, soll sprechen: Komm! Wer dürstet, der komme; wer Verlangen hat, soll lebendiges Wasser umsonst erhalten.
18 Ich bezeuge jedem, der die Worte der Weissagung dieses Buches hört: Wer ihnen etwas hinzufügt, dem wird Gott die Plagen zufügen, die in diesem Buch beschrieben sind, und wer von
19 diesen Worten des Buches dieser Weissagung etwas wegnimmt, dem wird Gott seinen Anteil wegnehmen am Baum des Lebens und an der heiligen Stadt, von denen in diesem Buch geschrieben steht.
20 Der dies bezeugt, spricht: Ja, ich komme bald. Amen, komm
21 Herr Jesus! Die Gnade des Herrn Jesus (Christus) sei mit allen (Heiligen). Amen.

EIGENWERKE CHRISTIANA-VERLAG

Anders-Thilo, Venite adoremus
Aufl.: 5000, 98 S., DM/Fr. 6.—, S 42.—

Angela, Gesichte und Tröstungen
Aufl.: 10 000, 136 S., DM/Fr. 7.80, S 55.—

Bachinger, Das Leichentuch von Turin
Aufl.: 11 000, 144 S., DM/Fr. 9.80, S 69.—

Baij, Das Innenleben Jesu
Aufl.: 25 000, 954 S., 2 Bd. zus., DM/Fr. 42.—, S 294.—

Baum, Das Ultimatum Gottes
Aufl.: 10 000, 296 S., DM/Fr. 20.—, S 140.—

Baum, Die apokalyptische Frau aller Völker
Aufl.: 25 000, 280 S., DM/Fr. 19.—, S 133.—

Baum, Kirche im Endkampf
Aufl.: 10 000, 62 S., Bd. 1 und 2 je DM/Fr. 4.80, S 34.—

Blechschmidt, Wie beginnt das menschliche Leben
Vom Ei zum Embryo
Aufl.: 40 000, 168 S., DM/Fr. 12.—, S 84.—

Britschgi, Name verpflichtet
Aufl.: 60 000, 344 S., DM/Fr. 15.—, S 105.—

Bombach, Das Leben der hl. Luitgard
Aufl.: 15 000, 136 S., DM/Fr. 7.80, S 55.—

Bossis, Er und ich, Geistliches Tagebuch, Bd. 1
Aufl.: 5000, 192 S., DM/Fr. 9.80, S 69.—

Desaing, Angela Merici
Aufl.: 10 000, 115 S., 16 Fotos, DM/Fr. 7.80, S 55.—

Drexel, Ein neuer Prophet, Teilhard de Chardin.
Analyse einer Ideologie
Aufl.: 10 000, 128 S., DM/Fr. 7.80, S 55.—

Drexel, Katholisches Glaubensbuch
Aufl.: 10 000, 360 S., DM/Fr. 15.—, S 105.—

Dutli-Rutishauser, Der Hüter des Vaterlandes
Ein Bruder-Klaus-Roman
Aufl.: 40 000, 319 S., DM/Fr. 19.80, S 139.—

Faraoni, Der Papst der Immaculata — Leben und Werk
Pius' IX., 136 S., DM/Fr. 9.80, S 69.—

Graber, Bischof R., Komm Heiliger Geist
Aufl.: 30 000, 80 S., DM/Fr. 5.—, S 35.—

Görlich, Der Wundermönch vom Libanon
Aufl.: 10 000, 140 S., DM/Fr. 9.80, S 69.—

Görlich, Der letzte Kaiser — ein Heiliger?
Karl von Österreich
Aufl.: 10 000, 176 S., 16 Fotos, DM/Fr. 9.80, S 69.—

Grufik, Turzovka — Das tschechoslowakische Lourdes
Aufl.: 20 000, 136 S., DM/Fr. 7.80, S 55.—

Guillet, Das Grosse Gebet der Eidgenossen
Aufl.: 15 000, 200 S., 32 Bilder, DM/Fr. 13.80, S 97.—

Guillet, Ich sende meinen Engel
Aufl.: 10 000, 32 S., DM/Fr. 2.—, S 14.—

Guillet, Zwiesprache mit Jesus
Aufl.: 25 000, 68 S., DM/Fr. 2.—, S 14.—

Guillet, Kinderbibel
Aufl.: 10 000, 112 S., DM/Fr. 9.80, S 69.—

Haesele, Eucharistische Wunder aus aller Welt
Aufl.: 10 000, 260 S., DM/Fr. 19.80, S 139.—

Häne, Apokalypse — Geheime Offenbarung
Aufl.: 10 000, 100 S., ca. DM/Fr. 35.—

Hausmann, Berthe Petit u. das schmerzvolle Herz Mariens
Aufl.: 10 000, 128 S., DM/Fr. 7.80, S 55.—

Hertzka, So heilt Gott
Die Medizin der heiligen Hildegard von Bingen
Aufl.: 10 000, 164 S., DM/Fr. 13.50, S 95.—

Höcht, Von Franziskus zu P. Pio und Theres Neumann —
Eine Geschichte der Stigmatisierten
Aufl.: 10 000, 544 S., 64 Fotos, DM/Fr. 42.—, S 294.—

Huber, Mein Engel wird vor dir herziehen
Aufl.: 30 000, 232 S., DM/Fr. 9.80, S 69.—

Journet, Kardinal, Mater Dolorosa
Aufl.: 8000, 88 S., 16 Bilder, DM/Fr. 7.80, S 55.—

Jungo, Verborgene Krone. Dorothea von Flüe
Aufl.: 45 000, 120 S., DM/Fr. 7.80, S 55.—

Kongregation für die Glaubenslehre
Christlicher Glaube und Dämonenlehre
Aufl.: 5000, 64 S., DM/Fr. 2.—, S 14.—

Lüthold-Minder, Ein Apostel der Eucharistie
Aufl.: 5000, 206 S., DM/Fr. 16.—, S 112.—

Lüthold, Vom Himmel beglaubigt
Aufl.: 5000, 63 S., DM/Fr. 2.80, S 20.—

Lindmayr, Mein Verkehr mit Armen Seelen
Aufl.: 10 000, 144 S., DM/Fr. 7.80, S 55.—

Lüthold-Minder, Ich wurde in Lourdes geheilt
Medizinisch und kirchlich anerkanntes Wunder
Aufl.: 20 000, 132 S., DM/Fr. 6.80, S 48.—

Meyers, Luana I — Zwischen Nirwana und Inferno
275 S., DM/Fr. 18.—, S 126.—

Meyers, Luana II, DM/Fr. 21.—, S 147.—

Müller-Markus, Gott kehrt wieder
Aufl.: 10 000, 328 S., DM/Fr. 22.—, S 154.—

Pauels, Maria Mittlerin
Aufl.: 10 000, 96 S., DM/Fr. 7.80, S 55.—

Philberth, Der Dreieine. Die Struktur der Schöpfung
Aufl.: 20 000, 608 S., DM/Fr. 30.—, S 210.—

Philberth, Christliche Prophetie und Nuklearenergie
Aufl.: 40 000, 216 S., DM/Fr. 19.80, S 139.—

Proksch, Die Weltanschauung des Christen
Aufl.: 5000, 100 S., DM/Fr. 7.80, S 55.—

Ritzel, An der Brust des Herrn
Leben und Werk von P. Lallinger OSB
Aufl.: 5000, 424 S., DM/Fr. 22.—, S 154.—

Rössler, Jesus-Fibel
Aufl.: 5000, 64 S., DM/Fr. 2.80, S 20.—

Schamoni, Das wahre Gesicht der Heiligen
Aufl.: 5000, 354 S., DM/Fr. 19.80, S 139.—

Schamoni, Wunder sind Tatsachen
Aufl.: 5000, 373 S., DM/Fr. 24.—, S 191.—

Scheffczyk, Aufbruch oder Abbruch des Glaubens
Aufl.: 10 000, 52 S., DM/Fr. 4.80, S 34.—

Schneider, Das Gebet von Loreto
Aufl.: 5000, 288 S., DM/Fr. 17.80, S 125.—

Schraner, Katholischer Katechismus
Aufl.: 20 000, 288 S., 16 Bilder, DM/Fr. 9.80, S 69.—

Siegen, Der Erzengel Michael
Aufl.: 10 000, 104 S., 16 Fotos, DM/Fr. 9.80, S 69.—

Simma, Meine Erlebnisse mit Armen Seelen
Aufl.: 100 000, 136 S., DM/Fr. 7.80, S 55.—

Söllner, Maria, unsere Mutter
Aufl.: 75 000, 32 S., DM/Fr. 4.50, S 32.—

Stiefvater, Klaus von Flüe
Aufl.: 45 000, 56 S., 24 Fotos, DM/Fr. 4.80, S 34.—

Stolz/Weiss, Patmos — die heilige Insel
Aufl.: 10 000, 192 S., DM/Fr. 8.80, S 62.—

Stolz, Cherub auf dem Gotteshügel
Aufl.: 10 000, 160 S., 16 Fotos, DM/Fr. 9.80, S 69.—

Stolz, Gottes Pionier im Heiligen Land
Aufl.: 5000, 190 S., 16 Bilder, DM/Fr. 15.—, S 105 —

Weiss, Gottes Blut
Aufl.: 10 000, 176 S., 16 Fotos, DM/Fr. 9.80, S 69.—

Zenklusen, Aus meinem Leben
Aufl.: 5000, 211 S., DM/Fr. 19.80, S 139.—

Gottes Handschrift im Weltall

Bernhard Philberth, der bekannte deutsche Atomforscher, legt hier ein Werk vor, wie es selten auf dem Buchmarkt erscheint. Es ist die Darstellung eines Weltbildes von solch strahlender Luzidität und von einer solch souveränen denkerischen Bewältigung des Mikro- und Makrokosmos, daß der Leser wie von einer Offenbarung überfallen wird.

Philberth gehört zu jener kleinen geistigen Elite, welche kraft ihrer überdurchschnittlichen Intelligenz die Handschrift Gottes im Weltall zu dechiffrieren und klar darzustellen vermag; er ist deshalb auch in der Lage, neue physikalische Erkenntnisse zu bieten, die in wesentlichen Punkten die Fachmeinung korrigieren. Wenn auch der Laie die Formeln nicht versteht — was nicht notwendig ist —, so gewinnt er doch aus der klassisch einfachen Darstellung ein Ordnungsbild von bestechender Evidenz und Einblick in ein gigantisches Geschehen.

Eine geniale Intuition und ein Pensum an Arbeitsstunden in strengster Klausur, wie es heute nur noch ein unabhängiger Gelehrter bewältigen kann, haben diesen meisterhaften Wurf ermöglicht.

Bernhard Philberth
DER DREIEINE
Anfang und Sein
Die Struktur der Schöpfung
4. Auflage, 608 Seiten, Ganzleinen mit Schutzumschlag, 145 x 215 mm
DM/Fr. 30.—, S 210.—

CHRISTIANA-VERLAG,
CH-8260 STEIN AM RHEIN
SCHWEIZ

BERNHARD PHILBERTH. 256 Seiten, Leinen, DM/Fr. 19.80, S 139.—
9. Auflage

Christliche Prophetie und Nuklearenergie

«Der Bonner Universitätsprofessor Dr. André hat das Buch von Bernhard Philberth (erschienen im Christiana-Verlag) als das mächtigst aufrüttelnde Werk der Gegenwart bezeichnet... Ein Naturwissenschafter von Rang prüft hier das prophetische Buch der Bibel Punkt für Punkt exakt wissenschaftlich auf seinen Wahrheitsgehalt und weist mit ruhiger Sachlichkeit — sozusagen experimentell — nach, dass die Visionen des Sehers von Patmos heute zur möglichen Wirklichkeit geworden sind und also Realcharakter besitzen.»   «Evangelischer Kirchenbote»

Selbständiger Physiker, München. *Mitglied:* Akademie der Wissenschaften von Chieta/Italien; der Akademie der Wissenschaften von Besançon/Frankreich; der physikalischen Gesellschaft Japans in Tokio; der internationalen glaciologischen Gesellschaft in London. *Atomkernenergie:* Urheber des Projekts der Beseitigung der radioaktiven Reaktorabfälle in den Eiskuppen der Erde. *Relativitätsphysik:* Entdecker des «Zeitgradient»; Entdecker des Zusammenhanges der elektromagnetischen Grundgrößen. *Technik:* Mehr als 40 Erfindungs-Patente in Kern- und Elektrophysik und viele Fachveröffentlichungen.